Wohnkonzepte in Japan
Housing in Japan

WOHNKONZEPTE HOUSING IN JAPAN

Typologien für den kleinen Raum
Typologies for Small Spaces

Edition DETAIL

Herausgeber **Editor** Christian Schittich

Autoren **Authors** Christian Schittich; Hannes Rössler; Tao Baerlocher, Zürich

Redaktion **Editorial team** Cornelia Hellstern (Projektleitung Project management), Michaela Linder, Natalie Muhr, Eva Schönbrunner

Lektorat (Deutsch) **Copy editing (German)** Eva Schönbrunner

Übersetzung **Translation into English** Antoinette Aichele-Platen; Dr. Yasmin Gründing, Burglengenfeld

Lektorat (Englisch) **Copy editing (English)** Emma Jones, Zürich

Grafische Gestaltung/Cover **Design concept/Cover** Kai Meyer

Zeichnungen **Drawings** Ralph Donhauser

Herstellung/DTP **Production/DTP** Simone Soesters

Reproduktion **Reproduction** ludwig:media, Zell am See

Druck und Bindung **Printing and binding** Kessler Druck + Medien, Bobingen

Die für dieses Buch verwendeten FSC-zertifizierten Papiere werden aus Fasern hergestellt, die nachweislich aus umwelt- und sozialverträglicher Herkunft stammen.
The FSC-certified paper used for this book is manufactured from fibres originating from environmentally and socially compatible sources.

MIX
From responsible sources
Aus verantwortungsvollen Quellen
FSC® C004192
FSC www.fsc.org

DETAIL - Institut für internationale Architektur-Dokumentation GmbH & Co. KG, München Munich
www.detail.de

ISBN 978-3-95553-316-8 (Print)
ISBN 978-3-95553-317-5 (E-Book)
ISBN 978-3-95553-318-2 (Bundle)

Bibliografische Information der Deutschen Nationalbibliothek: Die Deutsche Nationalbibliothek verzeichnet diese Publikation in der Deutschen Nationalbibliografie; detaillierte bibliografische Daten sind im Internet über http://dnb.d-nb.de abrufbar.

Bibliographical information published by the German National Library. The German National Library lists this publication in the Deutsche Nationalbibliografie; detailed bibliographical data are available on the Internet at http://dnb.d-nb.de.

Inhalt Contents

Christian Schittich

Japans kleine Raumwunder oder von der Spontanität im Chaos

Japan's Small Miracles of Space, or, Spontaneity in Chaos

Japan überrascht uns immer wieder mit kleinen Häusern in ungewöhnlichen Formen, die sich – eingezwängt in das Chaos der Stadt, mit manchmal kaum mehr als einem halben Meter Abstand zum Nachbarn – in ihrem Inneren schließlich als wahre Raumwunder entpuppen. Aufgrund der enormen Enge entwickeln japanische Architekten eine regelrechte Meisterschaft darin, auf wenigen Quadratmetern Fläche ein Gefühl von Großzügigkeit zu erzeugen. Darüber hinaus ist es ihnen scheinbar möglich, so unbefangen zu experimentieren, innovative Lösungen ähnlich radikal umzusetzen oder Konstruktionen gleichermaßen auf das absolut Notwendige zu reduzieren wie nirgendwo sonst. Das Einfamilienhaus ist in Japan die wichtigste Wohnform, sogar in der Metropolregion Tokio liegt sein Anteil bei fast 50 Prozent. Da gleichzeitig das einzelne Gebäude keine allzu lange Lebenserwartung hat, schießen neue ausgefallene Minihäuser wie Pilze aus dem Boden. Über Fachzeitschriften, noch mehr aber über die einschlägigen Internetplattformen, die stets nach Außergewöhnlichem verlangen, verbreiten sich deren Bilder dann umgehend weltweit.

Abschotten oder öffnen?

Sou Fujimoto's House NA in Tokio gehört sicherlich zu den spektakulärsten Projekten, mit denen die japanische Wohnhaus-Architektur international Furore macht: Getragen von einer absolut reduzierten

Japan continues to surprise us with unusual design offerings of small houses that – when squeezed into the chaos of the city, sometimes not even half a metre away from their neighbours – turn out to be true miracles of space inside. The tremendous spatial limitations of Japanese cities has led to a sense of competition among Japanese architects, who increasingly attempt to manufacture experiences of spaciousness within footprint areas of only a few square metres. They appear to be able – as nowhere else in the world – to experiment freely, implementing innovative solutions with radical means, while reducing construction to the absolute essentials. The single-family house is the most important dwelling form in Japan, making up 50 per cent of dwellings, even in the metropolitan area of Tokyo. Due to the fact that the lifetime of individual buildings is limited, new, eccentric mini-houses are popping up like mushrooms where the old ones stood. Images of these are rapidly spreading all over the world in print publications and web platforms, always on the lookout for the extraordinary.

Close Off or Open Up?

Sou Fujimoto's House NA in Tokyo is surely one of the more spectacular Japanese residential architecture projects causing an international stir. Supported by a minimal steel construction, the external surfaces are fully glazed and transparent, allowing the interi-

Stahlkonstruktion, zeigen sich seine Außenflächen vollkommen verglast und transparent. Der Innenraum verschmilzt mit der umgebenden Stadt. Ebenso radikal präsentiert sich das räumliche Konzept. Nach Bekunden des Architekten ist es vom Leben in einem Baum inspiriert: Das dreidimensionale Gefüge mit zahlreichen Verzweigungen und Höhenstaffelungen bietet den Bewohnern unterschiedliche »Nistplätze« an – eine vorgegebene Zuordnung einzelner Funktionen oder die Aufteilung in verschiedene Zimmer gibt es in dem Haus nicht. Die in ihrer Höhe leicht versetzten Ebenen – auch Treppen werden weitgehend vermieden – dienen dabei gleichzeitig als Möbel und je nach Bedarf als Tisch oder Sitzfläche, zum Liegen oder Arbeiten.

Nicht weniger rigoros tritt bereits einige Jahre zuvor das Moriyama Haus von Ryue Nishizawa in der gleichen Stadt in Erscheinung. Nishizawa verteilt die einzelnen Räume einer Wohngemeinschaft inklusive Küche und Bad auf einzelne Volumina, mit Wegen und Plätzen dazwischen, die frei im öffentlichen Raum stehen. Natürlich möchte er damit das umfangreiche Raumprogramm maßstäblich in die eher kleinteilige Umgebung einfügen, vor allem aber geht es Nishizawa darum, einen Ort zu definieren »ohne eine Mauer zu errichten, oder das eigene Gebiet abzustecken«. Öffentlichkeit und Privatheit gehen nahtlos ineinander über. Beide Gebäude unterstreichen auf jeweils vollkommen unterschiedliche Art das Bestreben einer jüngeren Generation japanischer Architekten, private Wohnhäuser mit dem Stadtraum zu vernetzen – ein in diesem Land bisher neues Phänomen. Bislang gehörte es eher zu den vorrangigen Funktionen eines Privathauses, seine Bewohner von ihrer Nachbarschaft abzuschirmen – ein Prinzip, das vor noch gar nicht so langer Zeit Tadao Ando regelrecht inszenierte.
Er ist es vor allem, der die zeitgenössische japanische Architektur ab den 1980er-Jahren in den internationalen Fokus rückt und ihr zu ihrer bis heute ungebrochenen Anziehungskraft auf die internationale Fachwelt verhilft. Auch Ando beginnt seine Karriere 1976 mit kleinen, im Inneren aber raffiniert organisierten Einfamilienhäusern. Doch wie bereits erwähnt, ist seine Haltung zur Stadt eine völlig andere als bei den beiden zuvor beschriebenen Beispielen. Ando schottet seine Häuser ab. Er ist der Auffassung, den privaten Lebensraum seiner Bau-

or to merge with the surrounding city. The spatial concept is just as radical. According to the architect, the design was inspired by life in a tree: leading to the concept of a three-dimensional structure with many branches and height gradations offering occupants various "nesting places". There is no prescribed allocation of individual functions, nor division of these functions into different rooms, in this house. The levels between differently articulated spaces are slightly staggered in height – stairs are largely avoided – and double up as furniture, functioning as tables or surfaces to sit, lie or work on.

Ryue Nishizawa's Moriyama House, an earlier design in the same city, is no less rigorous. Nishizawa distributes the individual rooms of a shared dwelling (including kitchen and bathroom) throughout individual volumes standing freely in public space, with paths and open areas between them. The underlying idea is to achieve the suitable integration of a comprehensive spatial programme in an environment composed of small units. But more than this, Nishizawa aims to define a place "without building a wall or demarcating individual territories". Public and private space therefore merges together seamlessly. Both designs underline, in completely different ways, the endeavours of a younger generation of Japanese architects to link private residential space with the city centre – a hitherto new phenomenon in this country. More often than not, one of the primary functions of a

Tokio City, Chaos in der Stadt

Tokyo City, Chaos in the city

herrn mit massiven Wänden vor dem Lärm und Chaos ihrer Umgebung schützen zu müssen. Dafür nutzt er den glatten, im Raster der Schaltafeln und Ankerlöcher gegliederten Sichtbeton, der neben raffinierten Lichtkonzepten bald zu seinem Markenzeichen wird. Auch seine Bauten zeichnen sich durch eine ausgeklügelte Organisation aus, die es ermöglicht, die erforderliche Nutzung in engsten Verhältnissen unterzubringen und gleichzeitig spannungsvolle Raumfolgen zu erzeugen. Solche Raumwunder sind es, die die japanische Wohnhausarchitektur in unseren westlichen Augen bis heute so faszinierend erscheinen lassen. Gleichzeitig führen sie uns drastisch vor Augen, wie groß die kulturellen Unterschiede zwischen dem fernen Osten und Europa tatsächlich sind. Denn trotz aller Bewunderung für die einnehmenden Minihäuser in Japan wird schnell klar, dass diese unter vollkommen anderen Voraussetzungen entstehen und sich deshalb vieles davon kaum auf die Anforderungen in Europa übertragen lässt.

Metropole und Kleinstadt, Chaos und Dichte

Die kulturellen Unterschiede beginnen bereits mit der Stadt. Tokio, Osaka und auch andere japanische Metropolen wirken nicht nur auf den ersten Blick chaotisch und ungeplant. Ihre Organisation folgt einer anderen Ordnung. So entstehen die Stadtquartiere der Nachkriegszeit eher willkürlich um

House NA: Für jedes Entwurfsstadium gibt es ein Modell und kaum Zeichnungen.

House NA: There is a modell for every phase of the design but nearly no drawings.

House NA, Tokio 2010, Sou Fujimoto Architects

House NA, Tokyo 2010, Sou Fujimoto Architects

private residence in Japan to date has been to shield its occupants from (rather than open them up to) the neighbourhood – a principle exemplified by the residential work of Tadao Ando.
It could be argued that the international attention received by contemporary Japanese architecture from the 1980s onwards can be largely attributed to the work of Ando. In 1976, Ando had commenced his career with small yet cleverly organised single-family homes. But, as already mentioned, his attitude to the city differs completely to that of the two examples described above. Ando seals off his houses. He believes that the private living space of his clients should be protected from the surrounding noise and chaos by solid walls. He realises this principle in smooth, fair-faced concrete organised into a grid of formwork panels and anchor holes, which, in addition to sophisticated lighting concepts, has undeniably become his trademark. His buildings are also characterised by an ingenious organisation of the plan, making it possible to accommodate the required programmatic uses within tight spatial constraints, while at the same time creating interesting room sequences. Such spatial wonders are what make Japanese residential architecture appear so fascinating to western eyes, even today. Yet at the same time, they illustrate just how drastic the cultural differences between the Far East and Europe really are. There may be great admiration for these engaging Japanese mini-houses, but with closer analysis it soon becomes evident that they are cre-

House NA, Tokio 2010, Sou Fujimoto Architects

House NA, Tokyo 2010, Sou Fujimoto Architects

von staatlicher Seite vorgegebene Knotenpunkte herum – um öffentliche Gebäude oder Eisenbahnstationen. Erst ziemlich spät, Ende der 1960er-Jahre verabschiedet das Parlament ein echtes Planungsgesetz, das in revidierter Form bis heute in Kraft ist. Unter dem Begriff »Senbiki« (Grenzen ziehen) regelt es vor allem, wo überhaupt und für welche Nutzung gebaut werden darf und wo nicht. Master- oder Bebauungspläne wie in Europa existieren für die meisten Wohngebiete nicht. Auch hat der öffentliche Raum traditionell eine andere Bedeutung als im Westen. Plätze als Stadtbausteine finden sich hier ebenso wenig wie öffentliche Gebäude mit städtebaulicher Wirkung.

Kaum ein Besucher, der das erste Mal nach Tokio kommt, ist von der Stadt nicht ebenso fasziniert wie gleichzeitig schockiert von ihrem städtebaulichen Chaos. Einerseits handelt es sich um eine Metropole

ated under completely different circumstances, with the consequence that many features simply cannot be reconciled with European requirements.

Metropolis and Small Town, Chaos and Density

The cultural differences begin with the city itself. Tokyo, Osaka and other Japanese cities may appear chaotic and unplanned at first glance, but only because they are organised on a completely different basis. Post-war city districts for instance develop arbitrarily around hubs specified by the state – usually close to public buildings or train stations. A planning law (still in force today) was issued by the parliament relatively late at the end of the 1960s, under the term "senbiki" (drawing the line). It chiefly regulates where and for what use building activities may take place. Yet urban master plans common in Europe do not exist for most residential areas. The traditional significance of public space also differs: City squares

Moryama House, Tokio
2005, Ryue Nishizawa

Moryama House, Tokyo
2005, Ryue Nishizawa

von gigantischem Ausmaß, die auf der anderen Seite über weite Stecken einer Kleinstadt oder gar einem Dorf gleicht. Tokio ist eine der am dichtesten besiedelten Städte im hoch entwickelten Teil der Welt. Beinahe 15 000 Menschen leben dort auf einem Quadratkilometer, das sind mehr als dreimal so viele wie in München (mit 4600 Einwohner pro Quadratmeter die dichteste Großstadt in Deutschland) oder sechsmal so viele wie in Hamburg (2400 Einwohner pro Quadratmeter). Das Erstaunliche aber ist: Diese enorme Komprimiertheit wird zu einem nicht unerheblichen Teil mit winzigen freistehenden Einfamilienhäusern erreicht. Wegen der hohen Grundstückskosten sitzen diese so dicht aufeinander, dass dazwischen kaum Abstand bleibt – und das nicht selten nach allen drei Seiten. So ist das 1.8M Width House von YUUA (siehe S. 48ff.) in eine nur zweieinhalb Meter schmale Baulücke gesetzt – mit beidseitigem Zwischenraum zu den Nachbarn, wie vorgeschrieben.

Schon von der Gewohnheit her besteht in Japan ein anderes Verhältnis zu räumlicher Nähe und auch die gegenseitige Rücksichtnahme ist stärker ausgeprägt als bei uns. Gemeinschaft steht über dem Individuum, ganz im Gegensatz zum Westen. Nur unter derartigen Voraussetzungen kann ein so enges Zusammensein überhaupt funktionieren. Das gilt für das Zusammenleben mit den Nachbarn ebenso wie für die Bewohner untereinander.

Vom traditionellen Holz- zum modernen Minihaus

Viele Eigenheiten und Merkmale heutiger Minihäuser finden sich bereits beim traditionellen japanischen Haus. Auch dieses basiert auf einem offenen Raumkonzept und kennt nur wenige von vornherein festgelegte Funktionen. Seine einzelnen Bereiche sind mittels Schiebewänden voneinander getrennt und können bei Bedarf flexibel wieder zusammengeschaltet werden. So bestimmt erst das Verhalten der Bewohner die eigentliche Funktion. Ein tagsüber als Wohn- oder Arbeitsraum genutzter Bereich etwa verwandelt sich durch das Ausrollen der Tatamimatten am Abend zum Schlafraum.

Ebenso in der Tradition begründet ist die Vorstellung von der Lebensdauer eines Gebäudes. Diese beträgt bei Wohnhäusern aktuell im Durchschnitt

Moryama House, Tokio 2005, Ryue Nishizawa

Moryama House, Tokyo 2005, Ryue Nishizawa

as important metropolitan elements are just as rare as public buildings with an impact on town planning.

Hardly any visitor coming to Tokyo for the first time would not be both shocked and fascinated by its chaotic urban development: it is a gigantic metropolis on the one hand, yet it contains many stretches which resemble a small town, or even a village, on the other. Tokyo is one of the most densely populated cities in the developed world. Almost 15,000 people live in one square kilometre – three times as many as in Munich (the most densely populated large city in Germany with 4,600 inhabitants per square kilometre), or six times as many as in Hamburg (2,400 inhabitants per square kilometre). What is truly amazing however is that this great density is accommodated in a considerable proportion of single-family houses. The high price of land means that these houses are so close to each other that there is hardly any space between them. The 1.8M Width House by YUUA (see page 48) is, for instance, set on a site with a width of only two-and-a-half metres, even while maintaining the prescribed distance from its neighbours on either side.
The Japanese grow up with a different attitude to spatial proximity than the Europeans, and as a result, mutual consideration is generally much greater. In stark contrast to the West, the community comes before the individual in Japan. These are essential prerequisites for living together under such cramped conditions, whether this community extends to relations between neighbours, or to cohabiting parties.

Haus Nomi, Osaka 1996, Tadao Ando

House Nomi, Osaka 1996, Tadao Ando

weniger als 30 Jahre. Japaner denken eher in Zyklen und schon in der Vergangenheit haben sie ihre Häuser nicht für die Ewigkeit gebaut. Der vergängliche Baustoff Holz erforderte ständige Erneuerung, ebenso die dauernde Zerstörung durch Erdbeben, Brandkatastrophen und Taifune.
Heute wird der stetige Wandel in den Ballungsräumen unterstützt durch exorbitant hohe Baulandpreise, die dazu führen, dass der Anteil der reinen Baukosten an der Gesamtmaßnahme im Verhältnis eher klein ausfällt. Dazu kommt die hohe Erbschaftssteuer, die die Nachkommen nicht selten dazu zwingt, das hinterlassene Wohnhaus abzureißen und einen Teil des Grundstücks zu verkaufen. Die einzelnen Parzellen werden somit wieder und wieder geteilt, die Zuschnitte der Grundstücke immer eigenartiger. Diese seltsam geschnittenen Minigrundstücke sind Herausforderung und Chance zugleich für die Architekten. Denn sie verlangen nach Kreativität ebenso wie nach dem Experiment.

Bis heute stellen Einfamilienhäuser eine wesentliche Aufgabe für die japanischen Architekten dar. Beinahe ein jeder startet seine Karriere damit. Auch Toyo Ito (White U) oder Tadao Ando (Haus Azuma) treten in den 1970er-Jahren erstmals mit einem kleinen Wohnhaus in Erscheinung, später folgen Kengo Kuma, Kazuo Sejima oder Shigeru Ban. Auch die meisten anderen renommierten Vertreter der

From Traditional Timber to Modern Mini House

Many features and characteristics of today's "mini houses" can be found in the traditional Japanese house. These features centre on an open spatial concept with few specified functions. The individual areas of a dwelling are separated with sliding walls and can be flexibly re-joined as required. The actual function of a room is therefore determined by the behaviour of the people inhabiting it. A room used as living space or for work during the day may be transformed into a bedroom by rolling out tatami mats in the evening.
The conception of the lifetime of a building is also rooted in tradition. For residential buildings, this is currently less than 30 years on average. Japanese people tend to think in cycles and have never built their houses to last for eternity. The popular building material of timber requires constant renewal, and it also faces the danger of potential destruction through earthquake, fire catastrophes or typhoons. In Japan today, the proportion of actual building costs is relatively low compared to the total cost of a project. This is caused by the dynamic development of agglomerations in conjunction with exorbitantly high land prices. In addition, high inheritance taxes often force beneficiaries to tear down an inherited house and sell part of the land. Parcels of land are hence divided again and again, with layouts becoming increasingly peculiar. These oddly shaped mini plots are both a challenge and an opportunity for architects. They demand creativity as well as experimentation.

Single-family houses make up a considerable part of the work of Japanese architects. Almost every architect starts his or her career that way. Toyo Ito (with White U) or Tadao Ando (with Azuma House) began with small residential dwellings in the 1970s, followed later by Kengo Kuma, Kazuo Sejima and Shigeru Ban. Most of the renowned representatives of the profession in Japan continue to dedicate themselves to designing small houses again and again throughout their careers. Architects in Japan are generally able to realise their own ideas to a much greater extent in these projects than they could in Europe. A "single-family house design" is used to try out new ideas that can be transferred to larger projects at a later stage. This is partly due to the fact that few design specifications are imposed by Japanese authorities. Japanese clients largely also let

Profession beschäftigen sich zeitlebens immer wieder mit dieser Bauaufgabe. Viel mehr als bei uns können Architekten in der Regel ihre eigenen Vorstellungen dabei umsetzen und nutzen die Entwurfsaufgabe »Einfamilienhaus« dazu, neue Ideen auszuprobieren, um sie später auf größere Projekte zu übertragen. Das liegt auch daran, dass es kaum gestalterische Vorgaben von Seiten der Behörden gibt. Und auch die Bauherrn lassen ihren Architekten in Japan weitgehend freie Hand. Denn sie vertrauen dem Spezialisten und gleichzeitig ist dort, wo ein Haus nicht für die Ewigkeit gebaut wird, die Bereitschaft für ungewöhnliche Lösungen naturgemäß viel stärker ausgeprägt.

Filigranes Bauen mit Einfachglas und Wärmebrücken

Neben den gestalterischen Vorgaben sind im Allgemeinen auch die technischen Standards weitaus lockerer als bei uns. Wichtig und mit strengen Vorgaben belegt sind vor allem der Brandschutz (daher auch der unumstößliche Abstand zum Nachbarn) und die Standsicherheit bei Erdbeben. Weit weniger Bedeutung dagegen wird dem Wärmeschutz beigemessen, der das Bauen bei uns oft so aufwendig und kompliziert macht. Zwar wird die bis noch vor wenigen Jahren gängige Einfachverglasung von Fenstern im Wohnungsbau mittlerweile von Zweischeiben-Isoliergläsern abgelöst – deren Anteil liegt bei Neubauten bereits bei über 80 Prozent – doch die nach wie vor gebräuchlichen Aluminiumrahmen sind kaum thermisch getrennt und schließen als Schiebefenster nicht besonders dicht. Die Wärmedämmung an den Fassaden ist (auch in kälteren Regionen) meist nur spärlich ausgeprägt und eine konsequente Vermeidung von Wärmebrücken nicht wirklich üblich.

Auch wenn das Bewusstsein für energieeffiziente Lösungen insgesamt zunimmt, so nutzen doch gerade die innovativen und avantgardistischen Architekten die gesetzlich möglichen Freiheiten beim Wärmeschutz für ihre gestalterischen Vorstellungen aus. Das bereits beschriebene House NA von Sou Fujimoto etwa verdankt seine filigrane Leichtigkeit ganz wesentlich der großflächigen Einfachverglasung und auch die wenigen opaken Flächen sind so gut wie nicht gedämmt. Dabei kann es auch in Tokio im Winter ziemlich kalt werden und wer dann

their architects have a free hand, putting their trust in the chosen specialist in the field. Furthermore, it is hardly surprising that the tendency to embrace unusual solutions is much greater in a setting where buildings are built with short life cycles.

Light Constructions with Single Glazing and Thermal Bridges

Aside from design specifications, technical standards are generally also more lax in Japan than in Europe. However, considered important and laid down in strict specifications are the measures for fire protection (hence the irrevocable distance from the neighbours), and for safeguarding stability in case of earthquake. Thermal protection, often making building so complicated and expensive in the West, is on the other hand considered much less significant in Japan. Single glazing of windows in residential constructions was still commonplace un-

Haus Nomi, Osaka 1996, Tadao Ando

House Nomi, Osaka 1996, Tadao Ando

Small House, Tokio 2010, Unemori Architects

Small House, Tokyo 2010, Unemori Architects

zufällig an einem kalten Februartag bei starkem Schneetreiben die Baustelle mit den sichtbaren Schichten eines derartigen Hauses besucht, kommt trotz aller Bewunderung für die japanische Architektur schon mal ins Grübeln. Geheizt im Winter und gekühlt im Sommer wird fast ausschließlich elektrisch, wobei der dafür notwendige Strom wiederum überwiegen aus der Atomkraft stammt. Die damit verbundenen Risiken hat uns nicht zuletzt die Reaktorkatastrophe von Fukushima drastisch vor Augen geführt.
Zweifellos wird der Wärmeschutz in Japan deutlich weniger streng gehandhabt, als bei uns. Daraus aber den vorschnellen Schluss zu ziehen, die Menschen dort gingen zu sorglos mit ihrer Energie um, greift zu kurz. Denn pro Kopf benötigen sie weniger davon zum Temperieren ihrer Wohngebäude als wir in Deutschland. Das liegt natürlich einerseits an dem im Großen und Ganzen milderen Klima, ganz wesentlich aber auch an dem deutlich kleineren Flächenbedarf pro Person. Denn während wir in Deutschland oder der Schweiz mittlerweile bei durchschnittlich 46 Quadratmetern angelangt sind, kommen die Japaner mit gerade einmal der Hälfte aus (23 Quadratmeter pro Person im Jahr 2013). Darüber hinaus spielen hierbei aber auch andere Lebensgewohnheiten eine Rolle. Obwohl das allgemeine Komfortbedürfnis zunimmt, werden vielfach auch heute noch deutlich geringere Raumtemperaturen sowie größere Temperaturschwankungen akzeptiert. So ist es in Japan nicht üblich das gesamte Haus gleichmäßig zu temperieren, sondern nur dort zu heizen oder zu kühlen, wo es gerade erforderlich ist – und das auch nur temporär. Während des Winters wird durchschnittlich weniger als die Hälfte der Wohnfläche zu weniger als der Hälfte der Tageszeit geheizt. Das Heizen und Kühlen erfolgt dabei über raumweise angebrachte Klimageräte, Zentralheizungen sind im Moment noch die Ausnahme. Schon das traditionelle japanische Haus war mit seiner Offenheit und seinen dünnen Papierwänden eher für die feuchtheißen Sommer optimiert und weniger für den Winter.

Leben auf kleinstem Raum

Mit ihrem Small House auf einem Restgrundstück von gerade einmal 35 Quadratmetern gelingt es Unemori Architects den notwendigen Lebensraum für eine dreiköpfige Familie zu gestalten. 67 Quad-

til some years ago. This has mostly been replaced by double glazing – making up over 80 per cent in new buildings – yet the aluminium frames used are neither thermally isolated nor do they close very tightly . The insulation of facades (even in colder regions) is often only scanty, and consistent prevention of thermal bridges is not common practice.

Even though awareness of energy-efficient solutions is increasing on the whole, Japanese permissiveness with regard to thermal protection has certainly been taken advantage of, particularly by innovative and avant-garde architects, for the sake of the realisation of their design ideas. The delicate lightness of Sou Fujimoto's House NA described earlier is, for instance, largely attributable to extensive single glazing, and even the few solid external walls are virtually uninsulated. Winters in Tokyo, nonetheless, can be cold. Anyone happening to visit a construction site, with the layers of such a house visible, on a cold day in February during a flurry of snow, may start to fret a little – in spite of any admiration they may otherwise have of Japanese architecture. Heating in winter and cooling in summer is almost exclusively powered by electricity that is obtained from nuclear energy. The drastic illustration of the associated risks of this strategy through the recent reactor catastrophe in Fukushima is all too clear.
Thermal protection is no doubt handled far less strictly than in Europe, though to jump to the con-

Small House, Tokio 2010, Unemori Architects

Small House, Tokyo 2010, Unemori Architects

ratmeter Wohnfläche organisieren sie dabei vertikal über vier Geschosse, erschlossen über eine filigrane, steile Wendeltreppe aus Stahl. Der gesamte Innenraum wirkt dabei wie aus einem Guss, wozu maßgeblich die Geschossdecken aus nur sieben Zentimeter starken Sperrholzplatten beitragen. Denn diese Platten mit ihren rohen Oberflächen sind zugleich Fußbodenaufbau als auch die Untersicht der Decken. Das ist ausgesprochen kosteneffizient, darüber hinaus bindet das durchgehend gleiche Material – das auch bei den Einbaumöbeln wiederkehrt – mit seiner gleichmäßigen Farbigkeit den Innenraum über die gesamte Höhe zusammen.
Auch Ryue Nishizawa kommt bei seinem Projekt »Garden and House« mit einer Parzelle von weniger als 40 Quadratmetern aus, um etwa die gleiche Wohn- und Arbeitsfläche wie im Small House für zwei Personen zu schaffen (siehe S. 66ff.). Regelrecht ein-

House For Seven People, Tokio 2013, mnm

House For Seven People, Tokyo 2013, mnm

clusion that the Japanese squander energy would be wrong: they spend less per head in controlling the temperature of their homes than Germans. This is partly due to a generally milder climate, but very significantly also due to the much smaller area occupied per person. While a person in Germany or Switzerland demands an average of 46 square metres of living space, the Japanese require only half of this (23 square metres per person, as of 2013). Other cultural habits also play a role here. Although the demand for thermal comfort is increasing on the whole, significantly lower room temperatures, as well as larger temperature fluctuations than those in Europe, are tolerated in Japan. It is for instance not usual to keep the whole house at an agreeable temperature, but rather to heat or cool individual rooms temporarily where necessary. During winter, on average, less than half of the living area of a dwelling is heated for less than half of the day. Air-conditioning units in individual rooms are normally used for heating and cooling, while central heating systems are exceptional. Even the traditional Japanese house, with its open planning and thin paper walls, was more optimised for hot damp summers than for cold winters.

Living in Limited Space

"Small House" by Unemori Architects offers the necessary living space for a three-person family on a residual plot area of only 35 square metres. The design organises 67 square metres of living space vertically over four storeys, connected via a steep light spiral staircase made of steel. The entire interior space has a homogeneous appearance, not least due to the merely seven-centimetre-thick plywood panels separating the storeys. The (rough) surfaces of these panels function as both floor and ceiling. Apart from being very cost-efficient, utilisation of the same material with the same colouration throughout – including for the built-in furniture – visually unifies the interior across the entire height of the dwelling.
In his "Garden & House" project, Ryue Nishizawa also manages to provide approximately the same living and working space for two people as the Small House, though on a plot of less than 40 square metres (see page 66). Wedged between two high-rise buildings, it asserts its architectural presence within a row of existing buildings, as well as offering

gequetscht zwischen zwei Hochhäuser kann es sich in der Straßenflucht dennoch behaupten und dazu auch noch attraktive und begrünte Freiflächen mitten im Großstadtdschungel von Tokio anbieten. Der Architekt erreicht dies mittels weit auskragender massiver Stahlbetonplatten, die zusammen mit nur drei kräftigen Betonpfeilern das Traggerüst bilden. Mindestens genauso extrem mutet das 1.8M Width House an, das sich in eine nur 2,50 Meter schmale Baulücke zwängt (siehe S. 48ff.). Abzüglich des vorgeschriebenen beidseitigen Abstands zu den Nachbarn sowie der Außenwände erreicht es eine lichte Innenraumbreite von gerade mal 1,80 Metern. Da aber das Grundstück für die lokalen Verhältnisse in der japanischen Hauptstadt mit elf Metern extrem tief ist, gelingt es den Architekten Madoka Aihara and Toshiyuki Yamazaki auf einer Grundstücksfläche von unter 30 Quadratmetern über fünf Geschosse gut 80 Quadratmeter Nutz-

attractive green open spaces in the middle of the urban jungle of Tokyo. The architect achieves this by means of a structural framework composed of projecting stacked reinforced concrete slabs supported by only three strong concrete columns. The "1.8M Width House," squeezed into a gap of only 2.5 metres, is just as extreme. As the name of the house suggests, a clear width of just 1.8 metres remains inside the building after consideration of the prescribed setbacks from the neighbours' dwellings on either side, and subtraction of the thickness of the external walls. Thanks to a plot depth of as much as 11 metres – very unusual for local conditions in the Japanese capital – the architects Madoka Aihara and Toshiyuki Yamazaki are able to create a usable area of over 80 square metres distributed over five storeys on a total plot area of under 30 square metres. A split-level solution is selected for effective zoning of the completely open building in-

House For Seven People, Tokio 2013, mnm

House For Seven People, Tokyo 2013, mnm

fläche zu schaffen. Den vollkommen offenen Innenraum zonieren sie dabei geschickt durch die gewählte Split-Level-Lösung. Gleichzeitig bringen sie über die vollflächig verglasten Fassaden und zwei zusätzliche Oberlichter im Dach ausreichend Licht ins Haus. Trotz seiner ungewöhnlichen Abmessungen wirkt das Haus somit in seinem Inneren beinahe großzügig und kein bisschen beengt.

Häuser für neue Lebensmodelle

Viele der aktuellen Kleinstwohnungen resultieren sehr stark aus den sich ändernden Lebensmodellen, gleichzeitig nutzen sie die Infrastruktur und das städtische Angebot um sich herum. So erlauben es die bei Tag und Nacht belebten Quartiere Tokios zahlreiche der üblichen Wohnfunktionen in die nähere Umgebung auszulagern – die eigentliche Wohnung wird vor allem als Rückzugsraum und zum Schlafen genutzt. Denn dort, wo in unmittelba-

terior. The illumination of the house is achieved by fully glazed facades, complemented by two sky-lights in the roof. In spite of the unusual dimensions of the house, a generous and not at all constrained atmosphere is achieved.

Houses for New Forms of Living

Many of the current tiny apartments in Japan are a direct result of changes in modes of habitation. They also take advantage of the surrounding infra-structure and urban amenities. Most parts of Tokyo are bustling areas both during the day and at night, which makes it possible to outsource many dwelling-associated functions to the immediate public vicinity. The actual apartment is often mainly a place to retreat and sleep. Dwellings located in neighbourhoods with convenience stores open 24/7, and low-cost restaurants and street food stalls catering for customers until late at night, can manage with

Wohnhaus, Kobe 2014, Tato Architects

House, Kobe 2014, Tato Architects

rer Nachbarschaft der Convenience-Store rund um die Uhr geöffnet hat und kleine Restaurants und Garküchen bis spät in die Nacht preiswerte Gerichte servieren, können die eigene Küche oder das Esszimmer kleiner ausfallen oder notfalls auch ganz entfallen (siehe dazu auch S. 27). Und für das traditionelle heiße Bad am Abend gibt es das Badehaus um die Ecke, in das nach Sonnenuntergang das halbe Viertel mit Schrubbürste und Holzbottich in der Hand pilgert. Auch die eigene Badewanne ist somit verzichtbar.
Diese zunehmende Verlagerung von herkömmlichen Wohnfunktionen in die umliegende Stadt hängt auch mit den grundsätzlichen gesellschaftlichen Veränderungen zusammen. Mehr noch als in den meisten anderen hochentwickelten Ländern löst sich die überlieferte Kleinfamilie zugunsten von immer mehr Singlehaushalten in den Metropolen auf. Ein Trend, auf den ganz aktuell Bauherrn und Architekten verstärkt reagieren, indem sie unterschiedliche Modelle des Zusammenwohnens initiieren, bei denen Singles oder auch kinderlose Paare mit anderen Leuten eine bestimmte Infrastruktur teilen. Das ermöglicht es, den verfügbaren Raum unter den beengten Verhältnissen besser zu organisieren.

Ein viel beachtetes Beispiel der letzten Jahre etwa sind die Yokohama-Apartments von ON design in der gleichnamigen Stadt. Über einem großzügigen halb öffentlichen Raum im Erdgeschoss, der für gemeinsames Arbeiten ebenso genutzt werden kann wie für Ausstellungen oder zum Feiern, befinden sich vier kleine Einraumwohnungen für Künstler. Diese sind räumlich voneinander getrennt und jeweils über eine eigene Treppe erschlossen. So wird trotz eines stattlichen Gemeinschaftsangebots die größtmögliche Privatsphäre für den Einzelnen gewährleistet. Ebenso zum Wohnen und Arbeiten konzipiert ist das experimentelle Share House der Architektinnen Satoko Shinohara und Ayano Uchimura, das diese gleichzeitig verwalten (siehe S. 136ff.). Die sieben »Einzelzimmer« als private Rückzugsräume für die Mieter liegen hier relativ eng beisammen, die beiden angegliederten Nassräume benutzen alle. Dafür fallen die Gemeinschaftsbereiche wie die Werkstatt im Erdgeschoss, der kollektive Wohnraum und die Küche verhältnismäßig großzügig aus und auf dem Dach

Wohnhaus, Kobe 2014, Tato Architects

House, Kobe 2014, Tato Architects

smaller (or even no) kitchens or dining rooms (see page 27). For the traditional hot bath in the evening, there is usually a bathhouse around the corner to which half the population of the district heads after sunset, armed with scrubbing brush and wooden pail, making a private bathtub superfluous.
The increasing shift of conventional dwelling-associated functions to the surrounding urban area is also related to general changes in Japanese society. Even more than in most other highly developed countries, the traditional small family tends to break up into an increasing number of single households in the big cities. This is a trend clients and architects are currently responding to more and more, by initiating various cohabitation models in which singles or couples without children can share a specific service infrastructure with others. This permits better organisation of the available space under predominantly constrained conditions.
The Yokohama Apartments by ON design are a recent example that has attracted a great deal of attention. Four small single-room apartments for artists are located above a generous semi-public space on the ground floor, which can be used for working together as well as for exhibitions or parties. The apartments are separated from each other yet accessible by individual stairs. This ensures the maximum possible privacy for residents, despite communally shared facilities.
The experimental Share House, designed and managed by the architects Satoko Shinohara and Ayano Uchimura, is also intended as a place in which to

gibt es Platz für eine Terrasse mit Kräutergarten. Für die gleiche Anzahl an Personen ist Mio Tsuneyama's »House For Seven People« angelegt. Auch dieser jungen Architektin aus Tokio geht es darum, aus dem kollektiven Wohnen einen tatsächlichen räumlichen Vorteil zu ziehen – was sich der Einzelne in der beengten Metropole nicht leisten kann, wird für mehrere Personen möglich. Und auch bei ihr sind das zu allererst ein weiträumiger Wohnraum und eine gut ausgestattete Küche, begrünte Freibereiche aber auch eine lange Badewanne. Gleichzeitig soll der Gemeinschaftsbereich mit Café und Bibliothek als Treffpunkt für Menschen aus der Nachbarschaft dienen und damit in einem ansonsten relativ kommunikationsarmen Viertel zur sozialen Interaktion beitragen. Doch das Projekt hat eine weitere Besonderheit: Es ist in einem umgebauten zweigeschossigen Wohnhaus aus den 1970er-Jahren untergebracht.

Die (Wieder-)Entdeckung des Bestands

Bislang wird dem Bauen im Bestand in Japan kaum Bedeutung beigemessen. Gerade im Wohnungsbau ist es üblich bei einem Nutzerwechsel das alte Haus abzureißen und sich stattdessen ein neues, auf die eigenen Bedürfnisse maßgeschneidertes Domizil zu errichten. Wo in anderen Ländern manchmal der Altbau zum Wohnen verherrlicht wird, ist dies im Land der aufgehenden Sonne der Neubau. Bei den exorbitant hohen Bodenpreisen wird ein bestehendes Haus fast ausschließlich wegen des Grundstücks gekauft. Hinzu kommt, dass die Bausubstanz meist von derart geringer Qualität ist, dass es nach spätestens drei Jahrzehnten ohnehin oft kostengünstiger ist, sie zu entsorgen statt umzunutzen.
Doch auch in dieser Hinsicht findet allmählich ein Umdenken statt. Vor allem junge Architekten und ihre Bauherrn versuchen zunehmend die bestehende Substanz zu erhalten, um Ressourcen zu schonen. Immer häufiger tauchen nun beachtenswerte Sanierungsprojekte auf. Tato Architects beispielsweise nutzen ein traditionelles Holzhaus in Kamisawa um und gestalten es auf charmante Weise neu (siehe S. 98ff.): Die vorhandene Hülle aus Holz erhalten sie dabei weitgehend, nur die Südseite wird zugunsten einer großen Glasfläche, die viel Licht hereinbringt, unterbrochen. Das Innere aber entkernen die Architekten komplett und schaffen einen einzigen großen Raum. Einzelne Funktionen teilen

work and live (see page 136). Seven individual rooms acting as private places of retreat for each tenant are located relatively close to one another, while two adjoining 'wet rooms' are used by everyone. The common areas, such as the workshop on the ground floor, the collective living room and the kitchen, are comparatively generous in size. There is even space on the roof for a terrace and a herb garden.
Mio Tsuneyama's "House For Seven People" is also designed, as the name suggests, for seven tenants. This young architect from Tokyo strives to turn collective living into a spatial advantage, as what a single person cannot afford in the metropolis is possible for a small group. Tsuneyama's design includes a generous living space, a well-equipped kitchen, green open spaces, and a long bathtub. The communal area, with its café and library, is intended to serve as a meeting place for people in the neighbourhood, thereby contributing towards social interaction in an otherwise relatively uncommunicative quarter. The project is, moreover, characterised by yet another special feature: it is accommodated in a converted two-storey house dating back to the 1970s.

(Re)discovery of Building Stock

Little attention has been paid to preserving existing buildings in Japan. As far as housing construction is concerned, it is typical to tear down an old house and build a new domicile, tailored to meet individual requirements, in its place. In some countries, residing in an old building is considered exclusive, whereas in the Land of the Rising Sun, new buildings are far more desirable. Exorbitant land prices in Japan mean that existing houses are almost exclusively bought for the sake of the land. Added to this is the fact that building fabric is often of a relatively poor quality, which means that after three decades at the most, disposal is usually more cost-effective than adaptive reuse.
A certain amount of rethinking is, however, taking place in this respect. Young architects, along with their clients, increasingly seek to preserve existing building fabric in order to save resources. Notable renovation projects are therefore becoming more frequent. Tato Architects, for instance, adapted a traditional timber house in Kamisawa into a new dwelling. The existing timber envelope is mainly retained, with only the southern side interrupted, to accommodate a large glazed surface admitting

sie darin durch gekurvte Sperrholzeinbauten ab, sodass ein spannungsvoller Kontrast zwischen alt und neu entsteht. Doch gerade auch dort, wo der Bestand weniger ästhetische Qualität hat, kann ein Sanierungsprojekt eine reizvolle Aufgabe sein. Das zeigen auf besonders originelle Weise die Architekten Mizuki Imamura und Isao Shinohara in einer Siedlung aus gleichförmigen, vorgefertigten Holzhäusern (siehe S. 102ff.). Eines davon bauen sie für sich und ihre beiden Kinder um. Dabei durchtrennen sie das vorhandene Gebäude in Längsrichtung, nehmen einen Teil davon heraus und ersetzen ihn durch einen großzügigen zweigeschossigen Wohnraum. Damit gelingt es ihnen, einerseits den Großteil der bestehenden Substanz zu erhalten, gleichzeitig aber auch deren bisherige Kleinteiligkeit zu durchbrechen und den monotonen Baukörper optisch aufzuwerten. Das inneren Raumgefüge erscheint nun offen und lichtdurchflutet, Blickbeziehungen entstehen und auch die Frischluftzufuhr wird verbessert. Darüber hinaus strahlt der subtile Eingriff auf die gesamte monotone Siedlung darum herum aus und setzt ein Beispiel für die anderen gleichartigen Gebäude. Mizuki Imamura und Isao Shinohara machen sich dabei die Eigenschaften des Holzbaus zu Nutzen, der es erlaubt, einzelne Stützen und Träger auf einfache Weise zu verändern, ohne dass das Gesamtgefüge Schaden leidet.

Wohnen auf kleinstem Raum findet in Japan auf vielfältige Weise statt. Das vorliegende Buch stellt gelungene Beispiele unterschiedlicher Wohnformen und Konzepte vor: Neben den typischen Minihäusern auch einige Mehrfamilienhäuser, Projekte für kollektives Wohnen sowie die gerade genannten Eingriffe in den Bestand. Nicht unerwähnt sollte in diesem Zusammenhang bleiben, dass die gezeigten Häuser auch für Japan nicht die Regel sind, sondern von den meisten Menschen dort als ebenso avantgardistische wie exotische Ausnahmen gesehen werden, denn der Großteil der Baumaßnahmen wird von der Fertighausindustrie abgedeckt.
Wenngleich sich vieles von den gezeigten Projekten aus nachvollziehbaren Gründen nicht direkt auf unsere Verhältnisse übertragen lässt, geben die faszinierenden Gebilde doch verblüffende Denkanstöße. Vor allem aber zeigen sie uns eindrucksvoll, wie einfach, spontan und unkompliziert das Bauen auch sein kann.

plenty of light. However the architects completely gutted the interior to create a single large room. Individual functions within this room are separated by curved built-in plywood structures, producing a visual tension between old and new.
A renovation project may be a particularly attractive challenge when the aesthetic quality of the original building stock is not very high. This is demonstrated with particular originality by the architects Mizuki Imamura and Isao Shinohara, with their intervention into a neighbourhood of uniform prefabricated wooden houses (see page 102). The architects converted one of these houses into a dwelling for themselves and their two children. First, they cut the existing building in half longitudinally. Then, they removed part of it and added a generous two-storey living space in its place. In this way, most of the existing building fabric could be retained, even while breaking with the previously uniform streetscape and making the monotonous structure of the house visually more attractive. The interior now appears flooded with light, while visual relationships are opened up through the house and cross-ventilation is improved. The effect of this subtle intervention radiates across the entire neighbourhood, setting an example for other buildings of the same type. Mizuki Imamura and Isao Shinohara make careful use of the characteristics of timber construction, which allow for the simple modification of individual supporting and bearing elements, without any detriment to the overall structural arrangement.

Many different forms of living in very small areas can be found in Japan. This book presents successful examples of some of them: typical mini-houses, some multi-family houses, collective housing projects, and finally, adaptive reuse interventions into existing building stock. It should however be noted that the houses presented here are not the norm in Japan, but are rather considered as avant-garde, exotic exceptions. After all, the majority of building measures are covered by the prefabricated house industry.
Although many features of the projects considered here cannot be directly transferred to European conditions, owing to differences in climate, cultural expectations and traditions, these designs are nonetheless immensely thought provoking. Above all, they show us how simple, spontaneous and uncomplicated building can be.

Wohnhaus am Komazawa Park, Tokio 2012, miCo.

House at Komazawa Park, Tokyo 2012, miCo.

Nomaden, Geister, Eremiten

Nomads, Ghosts and Recluses

Spielerische Veränderungen

Schönheit im Chaos - das gehört zur Erfahrung japanischer Städte. Unvermittelt stoßen die Hochhäuser entlang der großen Straßen an flache, dicht gedrängte Wohnquartiere. In Japan zeigen aktuelle Beispiele - man möchte fast sagen, wie immer - sowohl bekannte, als auch neuartige scharfe Konturen. Das betrifft ganz besonders kleine Stadthäuser, die seit jeher für weite Bevölkerungskreise eine typische Wohnform darstellen.
In Abwendung von den hölzernen Reihenhäusern der Edo-Zeit (1603-1868) setzten sich erst nach den politischen Umwälzungen des Ersten Weltkriegs und einem andauernden Diskurs zur Globalisierung

Remake des 9-Tsubo-Hauses, 1999, Makoto Koizumi

Relaunch of the 9 Tsubo House, 1999, Makoto Koizumi

Playful Transformations

Beauty within chaos is a part of the Japanese urban experience. High-rise buildings lining major roads are juxtaposed with low-rise, high-density residential areas. Recent housing examples display sharp contours, which are formally both familiar and innovative (as so often in Japan). This is particularly the case in small town houses: the typical dwelling form for large groups of the population.

In deviation from the wooden row houses of the Edo period (1603-1868), modern functional residential concepts for more affluent segments of the population began to establish themselves after the first political upheavals caused by World War I. This development was instigated by a burgeoning discourse on globalisation around 1920, as well as the Great Kantō Earthquake of 1923.
Apart from the differentiation of living and working spaces, which had already commenced in the Meiji period (1868-1912), rooms were now no longer only accessed via terraces (engawa), but, in a western style, divided into eating, living and sleeping spaces by means of an inside corridor, and supplemented by sanitary rooms.

An exhibition was held in Tokyo in 1922, after a survey conducted by the social authorities in that city showed that an average household of five persons lived in an area of about 25 m^2 (excluding auxiliary spaces), corresponding to 7.5 tsubo or 15 tatami mats. Twelve cultural residences (bunka jūtaku), each with an area of 66 m^2 (20 tsubo) on one or two storeys, were presented at this widely discussed exhibition. The bunka jūtaku were intended for a new

um 1920, aber auch infolge des großen Kanto-Erdbebens von 1923 funktionalistische Wohnkonzepte für zahlungskräftigere Bevölkerungskreise durch. Über die Trennung von Wohnen und Arbeiten hinaus, die seit der Meiji-Zeit (1868–1912) begonnen hatte, betraf es auch die Räume selbst: Diese wurden nun nicht mehr über Terrassen (engawa) erschlossen, sondern im westlichen Stil durch einen Innenkorridor für Essen, Wohnen und Schlafen getrennt und durch Sanitärräume ergänzt.

1922, als nach einer Erhebung der Tokioter Sozialbehörden für Durchschnittshaushalte von fünf Personen eine Wohnungsgröße (ohne Nebenräume) von etwa 25 Quadratmetern üblich waren (7,5 Tsubo, entspricht 15 Tatamimatten), wurden in Tokio auf einer vielbesprochenen Ausstellung zwölf teils zweigeschossige Reformhäuser (Bunka jūtaku) mit 66 Quadratmetern (20 Tsubo) für eine neue, zahlungskräftige Mittelschicht vorgestellt. Dass damit das kleine Haus ein bleibendes Objekt der Begierde wurde, zeigt etwa der bald folgende Architektenwettbewerb für ein »16-Tsubo-Haus« (50 Quadratmeter) im Jahr 1925.
Zu den daraufhin folgenden Beispielen zählen auch die teils noch bestehenden, modernen Apartments und Eigenheime der von 1924 bis 1941 tätigen staatlichen Wohnungsbaugesellschaft Dojunkai in den westlich expandierenden Vorstädten Tokios, die ebenfalls großes öffentliches Interesse fanden. Nach dem Ende des Zweiten Weltkriegs beschränkte die amerikanische Besatzung die Wohnfläche für einen 5-Personenhaushalt von 16 auf 15 Tsubo (49 Quadratmeter). Makoto Masuzawa ging noch weiter und entwickelte 1952 sein »9-Tsubo-Haus« (30 Quadratmeter), eine japanische Version der zeitgleich entstandenen amerikanischen Case Study Houses. Es ist bezeichnend, dass dieser Entwurf vor 17 Jahren als eleganter Relaunch wieder in Serie ging.
Auch rigide, ultramoderne Konzepte haben sich seit mehr als 30 Jahren etabliert. Kazuo Shinoharas »Umbrella House« von 1961, mit 55 Quadratmetern sein kleinstes Haus, initiierte das, was er später die »zero degree machine« nannte, und was zum Signet vieler Minihäuser wurde: purer, konzeptueller Raum. Takamitsu Azumas ikonisches Turmhaus mit einer Gesamtfläche von 65 Quadratmetern auf einer Grundstücksfläche von nur ca. 20 Quadratmetern

prosperous middle class. The fact that small houses at that time were objects of desire is illustrated well by the architectural competition for a "16 Tsubo House" (50 m^2) that was held soon after, in 1925.
The modern apartments and owner-occupied houses built by the state housing association Dojunkai, which was active between 1924 and 1941 in the expanding suburbs to the west of Tokyo, were subject to great public interest in the period that followed. Many of these dwellings still exist.
After the end of World War II, the occupying American forces limited living space for a 5-person household from 16 to 15 tsubo (49 m^2). In 1952, Makoto Masuzawa went further still, developing his "9 Tsubo House" (30 m^2), a Japanese version of the American Case Study Houses created during the same era. The reappearance of this design after an elegant relaunch 17 years ago is highly significant.

Fenstergitter aus Holz, Hagi, Yamaguchi

Wood window screen, Hagi, Yamaguchi

zelebriert die »Harmonie der Gegensätze«. Es steht für die Planungen der Gruppe ArchiteXt, die kanonische Lehren der Moderne hinterfragte und wieder die Metropole als Lebensraum bejahte.

Seither verblüfft es immer wieder, dass kompromisslose Abstraktion und ein fast übersteigertes Einfühlungsvermögen in den Ort oder die Bedürfnisse des Bauherrn kein Gegensatz sind, sondern gleichzeitig bestehen können. Ein spezifisches »Sowohl-als auch«, dessen Ausprägung außerhalb Japans vermutlich unnachahmlich bleiben wird. Eine weithin bekannte Vertreterin dieser Architektur

Turmhaus, Shibuya, Tokio 1966, Takamitsu Azuma

Tower House, Shibuya, Tokyo 1966, Takamitsu Azuma

Rigid, ultramodern concepts have also established themselves over a period of more than 30 years. Kazuo Shinohara's "Umbrella House" from 1961 (his smallest house, with an area of 55 m²) initiated what he later called the "zero degree machine" that became the symbol of the mini-house: pure, conceptual space.

Takamitsu Azuma's iconic Tower House, with a total floor space of 65 m² on a plot of only about 20 m², celebrates the "Harmony of Opposites". It is typical of designs by the ArchiteXt Group of Japanese architects, of which he was a member, who questioned the canonical teachings of international modernism and re-embraced the metropolis as living space.

Since then, it has been proved time and time again through the Japanese dwelling house that uncompromising abstraction can co-exist with and an almost exaggerated empathy for the particular: for example, the location, or the program requirements of the client.
Kazuyo Sejima is a widely renowned representative of this kind of architecture. Right from the start, her work has exhibited a remarkable ornamental lightness ("Tsuchihachi House"). Her practice partner Ryue Nishizawa (at SANAA) also implements this minimalistic style in his own work ("Garden and House").

Other architects also design radical concept houses in this manner, for increasingly difficult plot arrangements in densely built-up metropolitan areas. Particularly notable is the playfulness with which these buildings reflect the fundamental concerns of Japanese residential architecture: for example, a multi-purpose, divisible room with sliding doors and wall closets for bedding, marked by a lower entryway area (genkan) for placing shoes. The proverbial safety of Japanese cities, in combination with a historically liberal definition of what is considered public space, and generally long business opening hours, means that the immediate external vicinity of a dwelling can serve as an extended living space even in the city centre. There is the local bathing house to go to for instance, or street food available around the corner. The photographer Kyoichi Tsuzuki referred to the "cockpit effect" of Japanese apart-

ist Kazuyo Sejima. Sie verleiht ihren Werken seit ihren frühesten Anfängen eine merkwürdig mädchenhafte, geradezu ornamentale Leichtigkeit (Tsuchihachi House). Auch ihr Büropartner (bei SANAA) Ryue Nishizawa setzt diese, dennoch minimalistische, Richtung mit seiner eigenen Arbeit fort (Garden and House, S. 66ff.).
Radikale Konzept-Häuser werden auf diese integrative Weise aber auch von anderen Architekten für immer schwierigere Grundstückszuschnitte in den hoch verdichteten Großstadtquartieren entworfen. Die Gebäude gehen – und das ist besonders bemerkenswert – dennoch stets spielerisch mit den elementaren Themen der japanischen Wohnhausarchitektur um: Ein multifunktionaler, teilbarer Raum mit Schiebetüren und Wandschränken für das Bettzeug, markiert durch die gestufte Eingangsschwelle (genkan), wo die Straßenschuhe abgelegt werden. Dank der sprichwörtlichen Sicherheit japanischer Städte und eines historisch anderen Verständnisses von Öffentlichkeit sowie der langen Öffnungszeiten auch während der Nacht, kann selbst im Stadtzentrum die Umgebung als erweiterte Wohnung dienen. Gegebenenfalls geht man ins Quartiers-Badehaus oder zur Straßenküche um die Ecke. Der Fotograf Kyoichi Tsuzuki nannte in diesem Zusammenhang den »Cockpit-Effekt« japanischer Wohnungen. Es ist die konzentrische Perspektive eines Rückzugsorts, vom Kernbereich aus gedacht. Sie steht westlichen Wohnvorstellungen von optimierten Bewegungsabläufen und Nutzflächen diametral entgegen. Die Qualität liegt in der Orientierung und nicht in der Organisation!

Wenn aber nun die typischen Tiefenstaffelungen traditioneller Holzbauten ihre Axialität als Folge kleinster Grundflächen aus der Horizontalen in die Vertikale drehen, oder die artistischen Asymmetrien von Wandöffnungen, die seit dem Sukiya-Stil (ab ca. 1600) verfeinert wurden, auf Boden- und Deckenöffnungen überspringen, wird die vertraute bildhafte Ausdehnung japanischer Bauten – man denke etwa an Yasujiro Ozus filmische Szenarien – radikal vertauscht oder vielmehr ersetzt.
Diese Art von freiem Denken im Raum treibt Loos' »Raumplan« ins Extrem und reduziert ihn zugleich aufs Äußerste, da hier kaum noch Wände die Räume begrenzen. Auch als durchscheinende Schichten sind sie in diesen Häusern verschwunden, und

ments in this context, which become private cores and places of retreat from the city. This is diametrically opposed to western floor plans with their optimised paths of movement and partitioning of floor space for differing uses. Quality lies in orientation here rather than in organisation!

Certain developments may cause a radical modification or even a complete replacement of the familiar appearance of Japanese constructions, such as that depicted in Yasujirō Ozu's cinegraphic scenarios. These may involve a drastic limitation in the size of building areas, resulting in the axial path of traditional wooden constructions shifting from horizontal to vertical, or the artistic asymmetries of openings in walls – refined since the sukiya style (from ca. 1600) – folding over to openings in floors and ceilings. This type of free spatial thinking over multiple levels pushes Adolf Loos' "Raumplan" concept to the extreme. Walls become transparent layers in these houses, and even the necessary ceiling surfaces have become almost paper-thin. Building structures become skeletons and stairs become ladders or shelves. These houses are demountable frameworks for nomadic living: transient yet cheerful artistic abstractions, with an appearance that evokes the dreams of our childhood rather than the habits of everyday life – at least from a western point of view. But perhaps that is exactly what is needed within the dense fabric of Japanese cities.

Approaches to Sustainability

While the creative and versatile handling of these minimal forms of living is embedded in tradition, the increasing attention paid to sustainability issues appears to be new.
On the one hand, this is expressed in a steadily rising number of innovative renovation projects within cramped building stock. The shocking realisation that even buildings with extraordinary cultural value are only evaluated on the basis of the value of the land they stand on was recently made by European observers with regard to the previously mentioned (and now mostly demolished) Dojunkai Aoyama Apartments. Yet a change of attitude is taking place in this area – a counter-movement to the often ruthless urbanisation of Japan in the last decades. The specific qualities of urban space in Japan are being appreciated anew.

selbst die notwendigen Flächen der Decken sind fast papierdünn geworden. Baukörper werden zu Skeletten, Treppen zu Leitern oder Regalen. Distanz oder Nähe sind tatsächlich nur noch Fragen des Zwischenraums, gegliedert durch ordnende Leere. Es sind demontable Gestelle für nomadisches Wohnen, flüchtige, doch zugleich heitere und kunstvolle Abstraktionen, deren Erscheinung aus westlicher Sicht mehr mit den Träumen unserer Kindheit, als mit den Gesetzen des Alltags sympathisieren. Wahrscheinlich ist aber gerade das eine Notwendigkeit in der Dichte japanischer Städte.

On the other hand, attention to environmental concerns is expressed in the increasing amount of attention given to a natural, almost coarse materiality; for example, in Fujiwaramuro's House in Nada. The aesthetic qualities of untreated timber and plaster, sheet steel or plain aluminium, contrast precise workmanship with a careful proportioning of the components. The time of day and the seasons can be made legible by their surfaces. Haptics and structure make up for any shortcomings with regard to size. A frugal ascetic ideal – huts for Zen recluses in the heart of the city.

Jede Ebene hat eine eigene Funktion, Tsuchihashi House, Tokio 2012, Kazuyo Sejima & Associates

Each floor has a different function, Tsuchihashi House, Tokyo 2012 Kazuyo Sejima & Associates

Konzepte für Nachhaltigkeit

Während der kreative und vielseitige Umgang mit minimalen Wohnformen zur Tradition gehört, erscheint die zunehmend intensive Auseinandersetzung mit Fragen der Nachhaltigkeit neu. Zum einen betrifft dies eine stetig steigende Anzahl von innovativen Sanierungsprojekten im beengten Baubestand. An den zuvor genannten (und mittlerweile überwiegend abgerissenen) Dojunkai Aoyama Apartments musste z.B. erst unlängst für einen europäischen Betrachter der schockierende Eindruck entstehen, dass selbst Gebäude von herausragendem kulturellem Rang und hohem Identifikationspotential nur anhand der Grundstückspreise bewertet werden. Von anderen Aspekten ganz abgesehen: Welch' ein Verlust! Umso erfreulicher ist es, dass diesbezüglich offenbar ein Wandel stattfindet, eine Gegenbewegung zur oftmals rücksichtlosen Urbanisierung Japans in den vergangenen Jahrzehnten. Die spezifischen Qualitäten des urbanen Raums in Japan erfahren so eine neue Wertschätzung. Zum anderen geht es auch um die erhöhte Aufmerksamkeit, die einer natürlichen, fast groben Materialität wieder erfährt, wie etwa bei Fujiwaramuros Haus in Nada. Die ästhetischen Qualitäten von unbehandeltem Holz und Putz, Stahlblech oder blankem Aluminium stehen im Kontrast zur handwerklichen Fügung und sorgfältigen Proportion der Bauteile. Sie lassen entlang ihrer Oberflächen Tages- und Jahreszeiten erlebbar werden. Haptik und Struktur befassen unsere Sinne und gleichen so die fehlende Größe der Räume aus. Es ist ein genügsames, asketisches Ideal – Hütten für Zen-Eremiten im Herzen der Großstadt.

Geister der Vergangenheit

Schließlich ist als neue Entwicklung des letzten Jahrzehnts eine gesteigerte Hinwendung zu archetypischen Bildern wahrzunehmen, eine Art »magischer Realismus«. Diese Bilder erscheinen als abstrakte Silhouetten, wie ferne Erinnerungen an ein verlorenes Paradies. Zum Beispiel scheint das schmale Giebelhaus von Yo Shimada aus irisierendem Aluminium frei über der Hangkante und den anderen Häusern zu schweben. Mit seinem transparenten Erdgeschoss variiert es den traditionellen Eingangsraum (Doma) eines Bauernhauses. Stehen hinter dieser Entwicklung die unvergessenen Erfahrungen des nuklearen Infernos von

Ghosts of the Past

A final new development of the last decade is characterised by a turn towards archetypal images, a kind of "magical realism". These images appear as abstract silhouettes, like distant memories of a lost paradise. For example, the narrow gabled house by Yo Shimada, made of iridescent aluminium, seems to float above the slope and the other houses below. The transparent ground floor is a variation of the traditional entrance area (doma) in farmhouses.

Tsuchihashi House, Kazuyo Sejima & Associates

Tsuchihashi House, Kazuyo Sejima & Associates

Küche und Essbereich des Wohnhauses in Nada, Kobe 2012, Fujiwaramuro Architects

Kitchen and dining space of the house in Nada, Kobe 2012, Fujiwaramuro Architects

Could the unforgettable experience of the nuclear disaster of Fukushima be behind this rediscovery of the vernacular? The trend certainly raises the question of whether contemporary buildings are perhaps too characterless. Do these buildings merely follow the rules of economics and fashion? Do we all put too much trust in our technologies? As children of modern times, have we neglected the symbols of protective housing – gable roof, circular window or chimney – that remind us of the constant threat of catastrophe? In Japan's earthquake-ridden old cities and castles, history has, at the very least, saved these architectural symbols for the sake of remembrance, allowing a rediscovery of their picturesque qualities.
Another example worth mentioning in this context is Kengo Kuma's "Experimental House" in Taiki on Hokkaido: a conversion of a horse-breeding farm into an environmental technology research institute. The building makes explicit reference to vernacular building traditions, including the ancient building typologies of the Ainu living in the extremely cold north of Japan, while at the same time interpreting these in a new and contemporary manner. The silhouette of this moss-covered, climate-compliant hut is delineated by translucent materials on all sides. Similar "apparitional" designs appearing dotted throughout Japan are hardly known outside the country.

Finally, it should be taken into account that architectural photographs only reproduce reality to a limited extent. Wide-angle lenses make cramped rooms look more spacious, and the objects within them that signify daily life are always missing. Visits to lived-in houses certainly always modify the focus of the observer. But what new trends are suggested by the images of these small houses; these quiet ghosts, recluses and nomads? Could it be that they are responding to grave architectural errors resulting from the explosive economic growth of Japan in the 20th century? Or an increasingly intolerable lack of free space, closeness to nature and familiarity? What is at least certain is that an intensive review of Japanese tradition is currently taking place through the creativity of its architects. This is resulting in a dynamic interpretation of architecture for the present, rather than an uncritical continuation of the past.

Fukishima und damit die Frage, ob zeitgenössische Bauten nicht allzu unspezifisch sind? Folgen sie nur den Regeln der Ökonomie und Mode? Vertrauen wir alle nicht zu sehr unseren Technologien? Haben wir, als Kinder der Moderne, jene gestischen Bilder der schützenden Behausung vernachlässigt – Satteldach, Lochfenster, Schornstein –, die uns an die ständige Bedrohung durch Katastrophen erinnern? Die Geschichte der Architektur hat gerade in Japans erdbebengeplagten alten Städten und Burgen auch diese Dimensionen für die Erinnerung gespeichert und lässt deren bildhafte Qualitäten wieder neu entdecken.
Ein weiteres, in dieser Hinsicht erwähnenswertes Beispiel ist das Experimentalhaus Kengo Kumas in Taiki auf Hokkaido, das im Rahmen der Umnutzung eines Gestüts als Forschungszentrum für Umwelttechnik entstand. Das Gebäude nimmt explizit Bezug auf spezifische Bautraditionen und uralte Typologien der Ainu im äußerst kalten Norden Japans. Es bewertet diese aber neu und zeitgemäß. Dabei wird nicht nur die klimagerechte Nutzungsart nachgestellt, sondern auch die Form der moosgedeckten Hütte wie ein Schattenriss allseitig mit transluzenten Materialien neu definiert. Vergleichbare »geisterhafte« Gestaltungen, die nun mancherorts in Japan erscheinen, sind außerhalb des Lands kaum bekannt.

Abschließend bleibt noch zu bedenken: Die Architekturfotos geben nur schwer die Wirklichkeit wieder: das Weitwinkelobjektiv lässt die beengten Räume größer erscheinen, außerdem fehlen die Gegenstände, die das tägliche Leben ausmachen und die Bewohner selbst. Besuche in den belebten Häusern ändern also stets den Fokus des Betrachters. Dennoch, welche neuen Tendenzen zeigen die Bilder der kleinen Häuser? Auf die Gefahr hin, den Bogen zu überspannen: Geister, Eremiten und Nomaden sind ruhelose Gestalten. Könnte es sein, dass sie auf gravierende Fehler der Vergangenheit infolge des explosiven Wirtschaftswachstums im 20. Jahrhundert hinweisen? Auf einen zunehmend unerträglicheren Mangel an Freiraum, Naturnähe und Vertrautheit? Durch die Kreativität seiner Architekten findet jedenfalls zurzeit in Japan eine intensive Überprüfung der eigenen Tradition statt, nicht als unkritische Fortsetzung, sondern als dynamische Interpretation für die Gegenwart.

Wohnhaus in Nada, Kobe 2012, Fujiwaramuro Architects

Wohnhaus in Nada, Kobe 2012, Fujiwaramuro Architects

Haus in Rokko, Kobe
2011, Tato Architects

House in Rokko, Kobe
2011, Tato Architects

Tao Baerlocher

Wohnhäuser von Kazunari Sakamoto – Die hierarchielose Beziehung der Räume

Housing by Kazunari Sakamoto – Non-hierarchical Spatial Relations

Kazunari Sakamoto setzte sich in seiner Karriere bisher meist mit dem Thema des Wohnens auseinander, insbesondere mit der Typologie des Einfamilienhauses. Bis heute entstanden vier Wohnbauprojekte im größeren Maßstab, die seine Haltung zur Stadt sowie zur Beziehung zwischen dem Individuum, dem Kollektiv und der Öffentlichkeit zum Ausdruck bringen. Diese vier Projekte basieren auf einigen der gebräuchlichsten Typologien bzw. Wohnformen der Stadt: dem Einfamilienhaus, dem Zeilenbau, der Blockrandbebauung und dem Punkthaus. Sakamoto konzipiert seine Wohnhäuser stets im Spannungsfeld zwischen dem Individuum und der Umwelt, sprich zwischen dem privaten und dem öffentlichen Raum. In den architektonischen Konzepten dieser Projekte lotet er die Beziehung zwischen diesen beiden Polen aus, indem er die privaten und öffentlichen Räume gleichzeitig denkt und entwirft. Der Begriff der Komposition – im Japanischen ko-sei, der auch Anordnung, Aufbau, Organisation, Struktur oder Zusammensetzung bedeutet – spielt in seinen praktischen und theoretischen Werken eine tragende Rolle. Diese Komposition tritt auf allen Ebenen der Architektur, ausgehend von den architektonischen Elementen – wie etwa dem Boden, der Wand und der Decke – bis zur Stadtplanung auf. Sakamoto setzt sich bei den eben erwähnten Typologien nicht mit ihren formalen und funktionalen Aspekten auseinander, sondern mit ihrer räum-

Over the course of his career, Kazunari Sakamoto has devoted most of his practice to the question of residential architecture, particularly single-family houses. His attitude to the city, particularly to the relation between individual, collective and public space, is expressed through four major housing projects. These four projects derive their form from the dwelling typologies most commonly found in the city: the single-family house, the conjoined row house ("Zeilenbau"), the perimeter block, and tower block. Sakamoto's residential constructions can often be found in settings charged with the contrast between an individual and their environment – that is, between private and public space. The architectural concepts of these projects explore the relationship between these two forms of spatial expression. The notion of "composition" – or "ko-sei" in Japanese (also meaning arrangement, organisation or structure), plays a primary role in his practical and theoretical works. This composition appears at all levels of architecture, from basic built elements – such as floors, walls and ceilings – to town planning. Rather than focusing on the formal and functional aspects of the typologies mentioned above, Sakamoto is interested in their spatial composition, i.e. how the layout and relation between the rooms defines both their significance and their content. The four following examples illustrate how a typological consideration of housing leads to new spatial rela-

	Umschließen Enclosed	Umgeben Surrounded	Durchdringen Penetrated	Durchstoßen Pierced	Benachbart Neighbouring		Überlagern Superimposed
					(versetzt mixed)	(parallel parallel)	
Freiraum auf dem eigenen Grundstück Open space on a single property	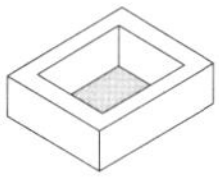	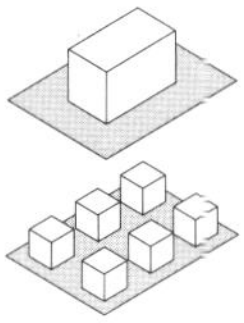	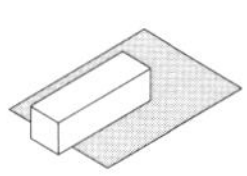	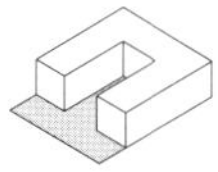	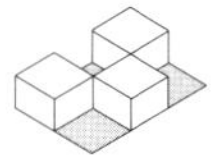	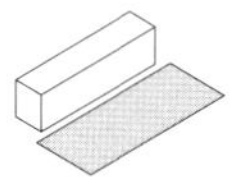	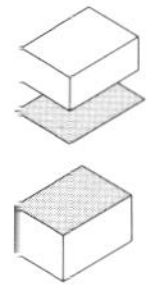
Öffentlicher Freiraum: begrünte Fusswege, Wasserkanäle Public open spaces: parks, planted foot-paths, water courses	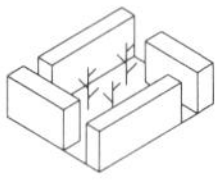	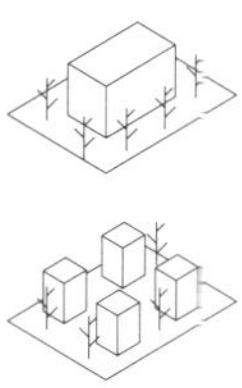	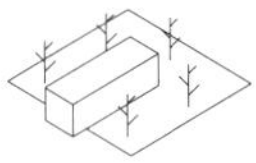	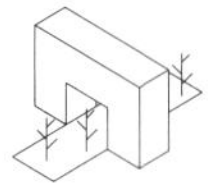		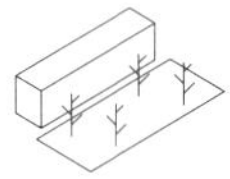	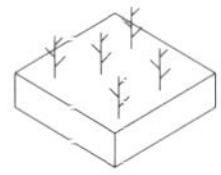
Große Verkehrswege: Autobahnen, Bahngleise Large commercial facilities: freeways, railway lines		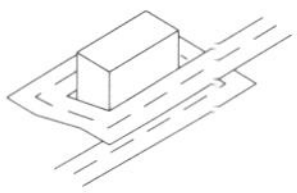	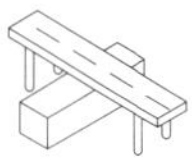	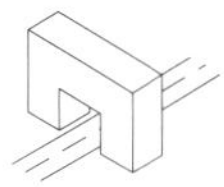		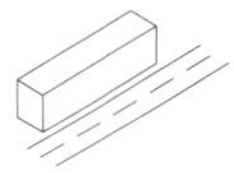	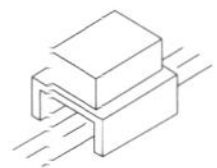
Kleine Verkehrswege: Quartiersstraßen, Fußwege Small thoroughfares: neighbour-hood streets, footpaths	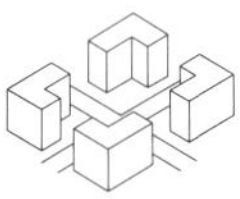	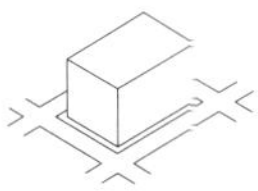		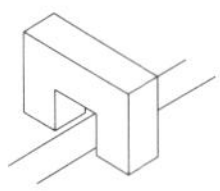		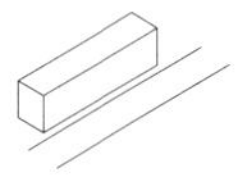	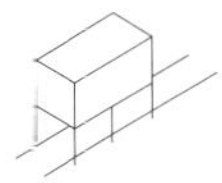
Öffentliche Bauten: Einkaufszentren, Schulen, Theater etc. Public build-ings: shopping malls, schools, theatres, etc.	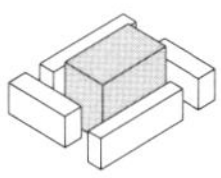	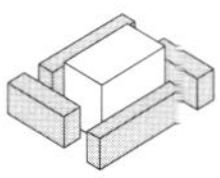	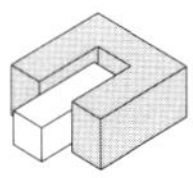	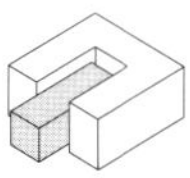	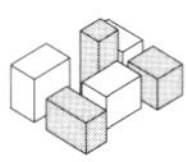	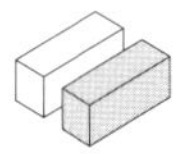	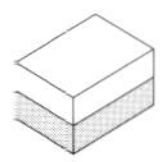
Industrieanlagen und Infrastrukturbauten Factories and infrastructure buildings	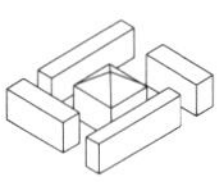	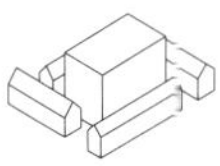	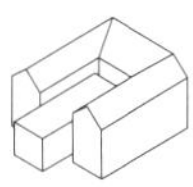	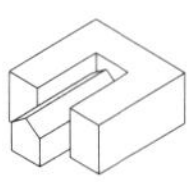	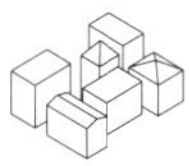	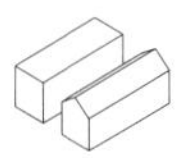	

Darstellung der kompositorischen Beziehung zwischen den Elementen der Stadtumwelt und dem Mehrfamilienhaus.

Representation of the compositional relationship between elements of the urban environment and the multi-family house.

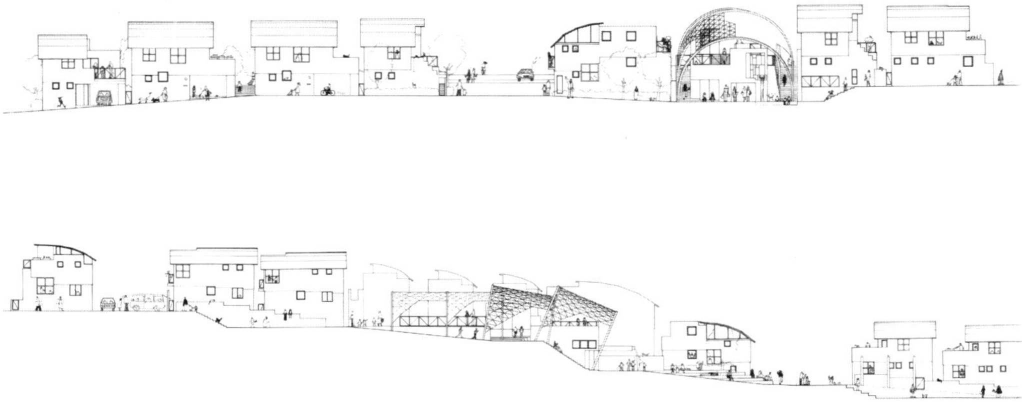

Ansicht eines öffentlichen Wegs, Maßstab 1:800, Common City Hoshida, Osaka 1992

Elevation of a public path, scale 1:800, Common City Hoshida, Osaka 1992

lichen Komposition, d. h. mit der Anordnung und Beziehung der Räume, die die Bedeutung und den Inhalt definieren. Die vier folgenden Wohnbauprojekte zeigen auf, wie die typologische Auseinandersetzung zu neuen Beziehungen der Räume führt, und wie diese der Hierarchisierung und der Fragmentierung unserer Lebensräume entgegenwirken.

Diffuse Grenze und lockere Ordnung

Common City Hoshida, ein 1992 fertiggestelltes Wohnquartier, besteht aus 112 Einfamilienhäusern sowie einem Quartierzentrum. Sakamoto befasste sich hier mit der räumlichen Fragmentierung von Einfamilienhausquartieren und der damit verbundenen Isolierung der Privathäuser vom öffentlichen Raum. Dieses von der Präfektur Osaka initiierte Wohnbauprojekt sah vor, Fertighäuser für Familien aus der Mittelschicht auf Grundstücken zu erstellen. Im Gegensatz zu den meisten Wohnquartieren an Hanglagen in Japan, wurde die natürliche Topographie belassen und nicht in Terrassen umgewandelt.

tions, and how these can counteract the hierarchisation and fragmentation of our living spaces.

Diffuse borders and free spatial arrangement

Common City Hoshida is a residential district completed in 1992. It consists of 112 single-family houses and a community centre. In this project, Sakamoto focused on the spatial fragmentation of districts composed of single-family houses, and the associated isolation of these private houses from public space. Initiated by the Osaka Prefecture, this housing project aimed to provide prefabricated houses for middle-class families on individual parcels of land. In contrast to most residential areas located on sloping ground in Japan, the natural topography here was retained and not terraced. By avoiding terracing – symbolic of the delimitation of property – and distributing the houses freely across the entire district, Sakamoto maximised the relationship between public and private space in his composition. The private houses are arranged like islands within the

Indem Sakamoto die Terrassierung – ein Sinnbild für die Abgrenzung von Eigentum – vermeidet und die Häuser frei über das ganze Gebiet verstreute, erschuf er eine Komposition, die die größtmögliche Beziehung zwischen dem öffentlichen und dem privaten Raum ermöglicht. Die kontinuierliche Ebene des Hangs umfließt die inselartig angeordneten Privathäuser und verbindet sie zu einer Einheit. Weil die öffentlichen Straßen und Wege bis an die Häuser heranführen und sich nahtlos mit den privaten Außenräumen – dem offenen Parkplatz und dem Garten – verbinden, verschwimmen die Grenzen zwischen den öffentlichen und privaten Räumen ambivalent und diffus. Auch in den Innenräumen bleibt der Hang dank halbgeschossig versetzter Ebenen in der Raumabfolge spürbar und endet schließlich im Obergeschoss mit einem halbrunden, zeltartigen Dach, das eine Weitsicht in die Siedlung freigibt. Die privaten Räume bilden so ein Kontinuum mit den öffentlichen Räumen und ermöglichen den Bewohnern stets die Weitläufigkeit der Siedlung wahrzunehmen.

continuous incline of the ground plane, uniting them into a single entity. Public roads and paths leading directly up to each house form seamless connections between the private exterior spaces, such as the open parking area and garden. The boundaries between public and private spaces therefore become ambivalent and diffuse. Split-level interiors reflect the presence of the slope inside the houses as well, with the uppermost storeys covered by half-round tent-like roofs allowing for views over the housing developments. The resulting continuum formed by private and public spaces gives residents an impression of spaciousness within the estate.

Integration of path and architecture

The Kumamoto Takuma housing estate – completed in 1994 – is comprised of state-owned rental apartment blocks designed by Yasumitsu Matsunaga, Itsuko Hasegawa and Kazunari Sakamoto. The aim of the project was to eliminate the distance and separation between an apartment in the estate and the surrounding city. A closed frontage to the street,

Grundriss Erdgeschoss, Maßstab 1:2000, Common City Hoshida, 1992

Floor plan ground floor, scale 1:2000, Common City Hoshida, 1992

Durchdringung von Weg und Architektur

Die Siedlung Kumamoto Takuma – fertiggestellt im Jahr 1994 – besteht aus staatlichen Mietswohnhäusern von Yasumitsu Matsunaga, Itsuko Hasegawa und Kazunari Sakamoto. Ziel des Projekts war es, die räumliche Distanz und Trennung zwischen einer Wohnung in der Siedlung und der umgebenden Stadt zu eliminieren. Die Anordnung der einzelnen Bauten vermeidet sowohl die geschlossene Randbebauung als auch die parallele Zeilenbebauung; die ambivalente Umschliessung des Raums sowie die fehlende geometrische Ordnung führen dazu, dass die Siedlung sich der Umgebung öffnet. Die einzelnen Baukörper schließen jeweils an den inneren Grünweg an, der die Gebäude untereinander verbindet, sowie an die äußere Ringstraße, die zu den Nachbarquartieren führt. Die Bauten von Sakamoto stellen mittels einer öffentlichen Passage eine direkte Verbindung zwischen dem Grünweg und der Ringstraße her. Dieser öffentliche Weg, der über die gesamte Gebäudelänge

or parallel row development, is avoided by the arrangement of the houses as individually composed buildings. The estate is opened up to the surrounding environment through combining an ambivalent enclosure of space with an irregular geometrical order. Individual structures are linked to a central 'green road' connecting the buildings to one another, as well as to a perimeter road leading to the neighbouring districts. Sakamoto's buildings incorporate a public passageway as a direct connection between the green road and the perimeter road. Following the topography, this public thoroughfare running across the entire length of the site forms a ramp offering direct access to the apartments. Small courtyards providing the passage with natural illumination and ventilation allow for an unusual birds' eye view from the apartments above, giving occupants the feeling of floating over the public space. The spatial composition creates a direct visual relationship between the various scales of the neighbouring districts, the topography, the estate, the residential buildings and the apartments.

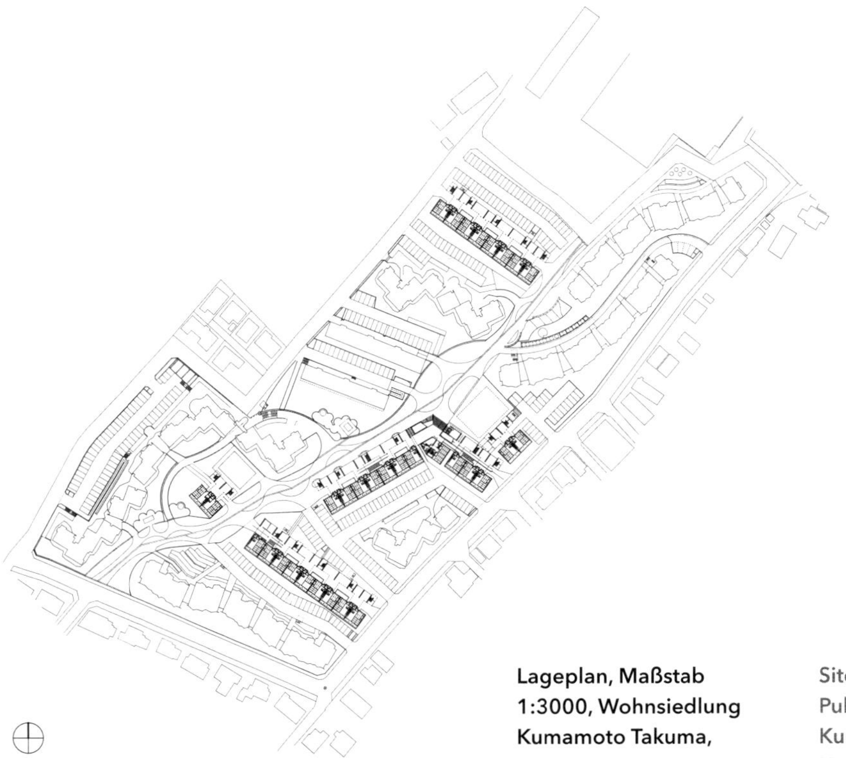

Lageplan, Maßstab 1:3000, Wohnsiedlung Kumamoto Takuma, Kumamoto 1994

Site plan, scale 1:3000, Public housing complex Kumamoto Takuma, Kumamoto 1994

verläuft, ist beruhend auf der Topographie als Rampe ausgebildet und erschließt die Wohnungen auf eine direkte Weise. Die kleinen Höfe, die die Passage natürlich belichten und belüften, ermöglichen es, aus den Wohnungen hinunter auf den Weg zu schauen; der ungewöhnliche Blick verleiht den Bewohnern das Gefühl, über dem öffentlichen Raum zu schweben. Die räumliche Komposition stellt die verschiedenen Maßstäbe des Nachbarquartiers, der Topographie, der Siedlung, des Wohngebäudes und der Wohnung in eine unmittelbare Beziehung zueinander.

Der geöffnete Block

Makuhari Baytown, ein neues Stadtgebiet in der Metropolregion Tokios, wurde 1995 von der Präfektur Chiba und mehreren Immobilienunternehmen erstellt. Der Masterplan basierte erstmals in Japan auf einer Blockrandbebauung und schrieb die geschlossene Bauweise sowie die Geschosshöhe vor. Kazunari Sakamoto realisierte in Zusammenarbeit mit Yasumitsu Matsunaga einen Teil des Masterplans: einen nahezu quadratischen Wohnblock mit Eigentumswohnungen. Sowohl der Masterplan als auch die erhöhten Ansprüche des Immobilienmarkts, hinsichtlich der Sicherheit und der Gemeinschaftsräume, verlangten die Trennung zwischen dem öffentlichen Straßenraum, dem halböffentlichen Hofraum und dem privaten Wohnraum. Sakamoto und Matsunaga lockerten diese hierarchische Raumordnung im Rahmen der Vorgaben auf, indem sie den Grundriss im Sockelgeschoss an einigen Stellen öffneten und den öffentlichen Straßenraum so bis in den Hof hineinführten. Diese öffentlichen Plätze, die sowohl dem Straßen- als auch dem Hofraum angehören, erschließen die Geschäfte und die Wohnungen; diese stehen somit auf beiden Seiten dem öffentlichen Raum gegenüber. Auf dem Dach des Sockelgeschosses befindet sich eine halböffentliche, begrünte Dachterrasse. Lücken in der Blockrandbebauung erzeugen Durchblicke in die Umgebung und ermöglichen den Wohnungen, sich in drei Richtungen zu öffnen. Die geschlossene und zugleich geöffnete Eigenschaft dieser räumlichen Komposition führt schließlich zu einer Mehrdeutigkeit des Hofraums.

Open Block

Created by the Chiba Prefecture and several property developers in 1995, Makuhari Baytown is a relatively new district in the metropolitan area of Tokyo. The master plan was the first in Japan to be based on a perimeter block development, specifying both storey height and uniform block coverage. One part of the master plan – a nearly square block of condominium apartments – was realised by Kazunari Sakamoto in collaboration with Yasumitsu Matsunaga. The stringent demands of the property market required secure separation between public road space, semi-public courtyard space and private living space. In response, Sakamoto and Matsunaga broke up this hierarchical spatial arrangement by opening up the floor plan at the foot of the building and connecting public road space with the courtyard. These public areas, belonging both to street and courtyard, provide access to shops as well as apartments, which are then bounded by public space on either side. A semi-public, plant-covered roof terrace is located on a ground floor storey. Gaps in the perimeter block development create views through to the surrounding area and make it possible to open up the apartments in three directions. The closed, and at the same time open, style of this spatial composition results in an ambiguous visual relationship between private and public.

Wohnsiedlung Kumamoto Takuma, Kumamoto 1994

Public housing complex Kumamoto Takuma, Kumamoto 1994

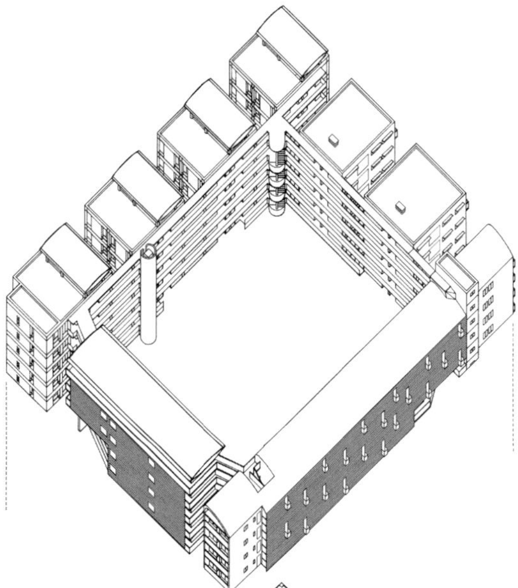

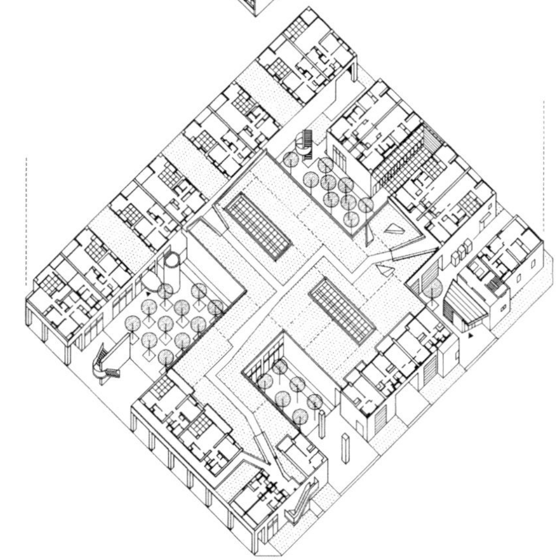

Axonometrie, Wohnkomplex in Manuhari Baytown, Chiba 1995

Axonometric, block of condominium apartments in Manuhari Baytown, Chiba 1995

Volumetric Relation to the Environment

The most recent project – the Egota Houses, realised in 2004 and 2013 – is located in a residential district to the west of the city centre of Tokyo. It illustrates a means of coping with the growing volume of multi-family residential dwellings, which, when introduced into existing contexts, often lead to discrepancies with surrounding building developments. Today's multi-dwelling unit is generally no longer occupied by a few related members of a family or group, but by independent dwellers. Apart from certain external specifications dictated by plot size or building regulations, the size of the building volume and the number of apartments are generally not subject to any restrictions. The relationship of the building volume and the individual apartments to the surrounding environment is nonetheless decisive for determining the size of the multi-dwelling unit. A detailed consideration of the environment (composed of small single and multi-family units), as well as of the required building volume (a multiplication of the scale of the surrounding houses), led to a composition of small, compact tower blocks dispersed freely across the building area. Distribution of the spatial programme across a number of the houses made it possible to avoid a marked jump in scale in comparison to the surrounding area. Uniform as well as criss-crossing spaces absorb the dimensions and proportions of the bordering road spaces, extending beyond the plot's boundaries. Each apartment is directly accessed via external stairs distributed on the sides of the building. On the inside, the interlaced maisonette units are surprisingly spacious. Some of the rooms extend over two storeys and have window openings in all four directions, allowing occupants to perceive in a panoramic view the world outside . The multi-dwelling units are nested arrangements of independent units that possess all the advantages of privacy and spatial independence typical of single-family houses (see page 126).

With his work, Kazunari Sakamoto aims to liberate space from the typological constraints that define and limit our everyday life. His designs strive to create new connections capable of dissolving hierarchical order. This programmatic restructuring leads to spaces oscillating between separation and continuity – two potentially contradictory qualities. Yet these

Halböffentlicher Innenhof, Manuhari Baytown, Chiba 1995

Semi-public courtyard space, Manuhari Baytown, Chiba 1995

Die volumetrische Beziehung zur Umwelt

Das jüngste Projekt, die Egota Häuser – realisiert 2004 und 2013 –, befindet sich in einem Wohnquartier westlich des Stadtzentrums von Tokio. Es thematisiert den Umgang mit dem wachsenden Volumen von Mehrfamilienhäusern, das aufgrund seiner Größe oft zu einer Diskrepanz mit der Bebauung der Umgebung führt. Weil das heutige Mehrfamilienhaus nicht von einer Gemeinschaft mit wenigen in einer Beziehung zueinander stehenden Mitgliedern, sondern von unabhängigen Parteien bewohnt wird, weist die Größe des Volumens und die Anzahl der Wohnungen – neben den äußeren Bedingungen und Vorgaben wie Grundstück oder Baugesetze – keine Grenzen auf; die Beziehung des Gebäudevolumens und der Wohnung zur Umwelt ist indes entscheidend für die Bestimmung seiner Größe. Die Auseinandersetzung mit der Umgebung – eine kleinteilige Bebauungsstruktur aus Einfamilien- und Mehrfamilienhäusern – sowie mit dem erforderlichen Gebäudevolumen – ein Vielfaches der umgebenden Häuser

concepts can be considered to complement each other in Sakamoto's work because his conception of spatial independence is based on a connection to the surrounding environment rather than on isolation. This relationship could be imagined diagrammatically as a lattice composed of points on a plane, each connected to the next to form a web-like structure (this could be contrasted with a 'tree' structure, which demonstrates a hierarchical organisation in which each point is dependent on its respective higher order, and isolated from the whole). Kazunari Sakamoto considers the composition of our living spaces as a system of horizontal ('lattice') rather than vertical ('tree') relations. In doing so he shows us how these spaces can be freed from conventional relationships without isolating them from the surrounding environment. These new relations lead to new typologies that question social conventions, categorisations and economic specifications. They open up new kinds of spaces encouraging the free development of the individuals that inhabit them.

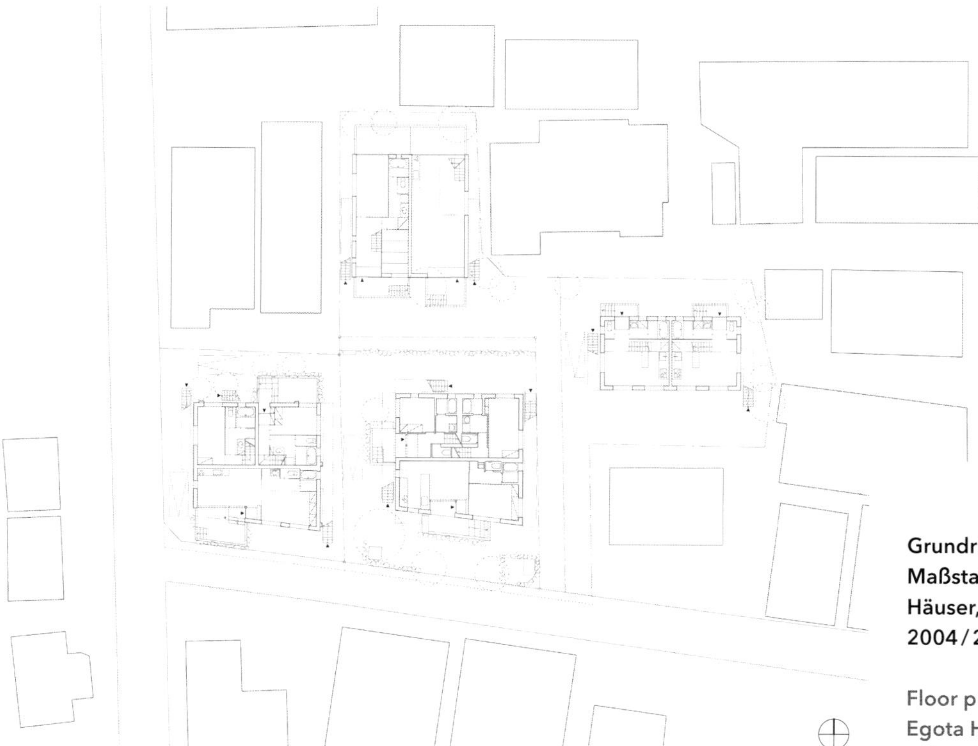

Grundriss Erdgeschoss, Maßstab 1:400, Egota Häuser, Nakano, Tokio 2004/2013

Floor plan, scale 1:400, Egota Houses, Nakano, Tokyo 2004/2013

- führte zu einer Komposition aus kleinen kompakten Punkthäusern, die frei über das Baufeld verstreut wurden. Durch die Verteilung des Raumprogramms auf mehrere Häuser war es möglich, einen gravierenden Maßstabssprung zur Umgebung zu vermeiden. Die gleichmäßigen und richtungslosen Zwischenräume nehmen dabei die Dimension und Proportion der angrenzenden Straßenräume auf und erweitern sich über die Parzellengrenzen hinaus. Außentreppen - verteilt auf alle Gebäudeseiten - erschließen die Wohnungen jeweils direkt. Die Innenräume der sich kreuzenden Maisonettetypen warten mit einer überraschenden Weitläufigkeit auf; die teilweise zweigeschossigen Räume verfügen über Fensteröffnungen in alle vier Himmelsrichtungen und ermöglichen den Bewohnern die Außenwelt in ihrer Ganzheit zu erfassen. Das Mehrfamilienhaus besteht folglich aus einer Verschachtelung von unabhängigen Wohneinheiten, die zugleich die Vorzüge eines Einfamilienhauses besitzen (siehe S. 126ff.). Kazunari Sakamoto verfolgt in all seinen Werken das Ziel, den Raum von der typologischen Fixierung, die unseren Alltag definiert und einschränkt, zu befreien. Er strebt in seinen Entwürfen nach neuen Verbindungen, die die hierarchische Ordnung auflösen. Diese Umstrukturierung führt dabei zu Räumen, die die Unabhängigkeit und das Kontinuum - zwei sich widersprechende Qualitäten - in sich vereinen. Weil die Unabhängigkeit des Raums nicht auf der Isolierung, jedoch auf der Verbindung mit der Umwelt beruht, verhalten sich die beiden Begriffe komplementär zueinander. Diese Beziehung kann mit einer Gitterstruktur veranschaulicht werden, bei der alle Punkte gleichwertig und stets mit dem Ganzen verbunden sind. Die Baumstruktur hingegen verkörpert eine hierarchische Ordnung, bei der die Punkte jeweils von der höheren Ordnung abhängig und vom Ganzen isoliert sind. Die Auseinandersetzung von Kazunari Sakamoto mit unseren Lebensräumen auf der Ebene der Komposition von Räumen nach deren Beziehung zueinander führt uns vor Augen, wie diese von den einschränkenden und festgefahrenen Rahmen der Realität befreit werden können, ohne sich von der Umwelt zu isolieren. Sie führt schließlich zu neuen Typologien, die sich von gesellschaftlichen Konventionen und Kategorisierungen sowie ökonomischen Vorgaben lösen und den Menschen Räume für freie Entfaltung und ungekannte Möglichkeiten eröffnen.

Egota Haus A (links) und Egota Haus B (rechts)

Egota House A (left) und Egota House B (right)

Alle Wohnungen werden über außenliegende Treppen erschlossen, Egota Häuser.

The apartments are accessed from the outside via designated stairs, Egota Houses.

Öffentlicher Platz im Wohnquartier Common City Hoshida, Osaka 1992

Public space in the residential district Common City Hoshida, Osaka 1992

Projekte

Projects

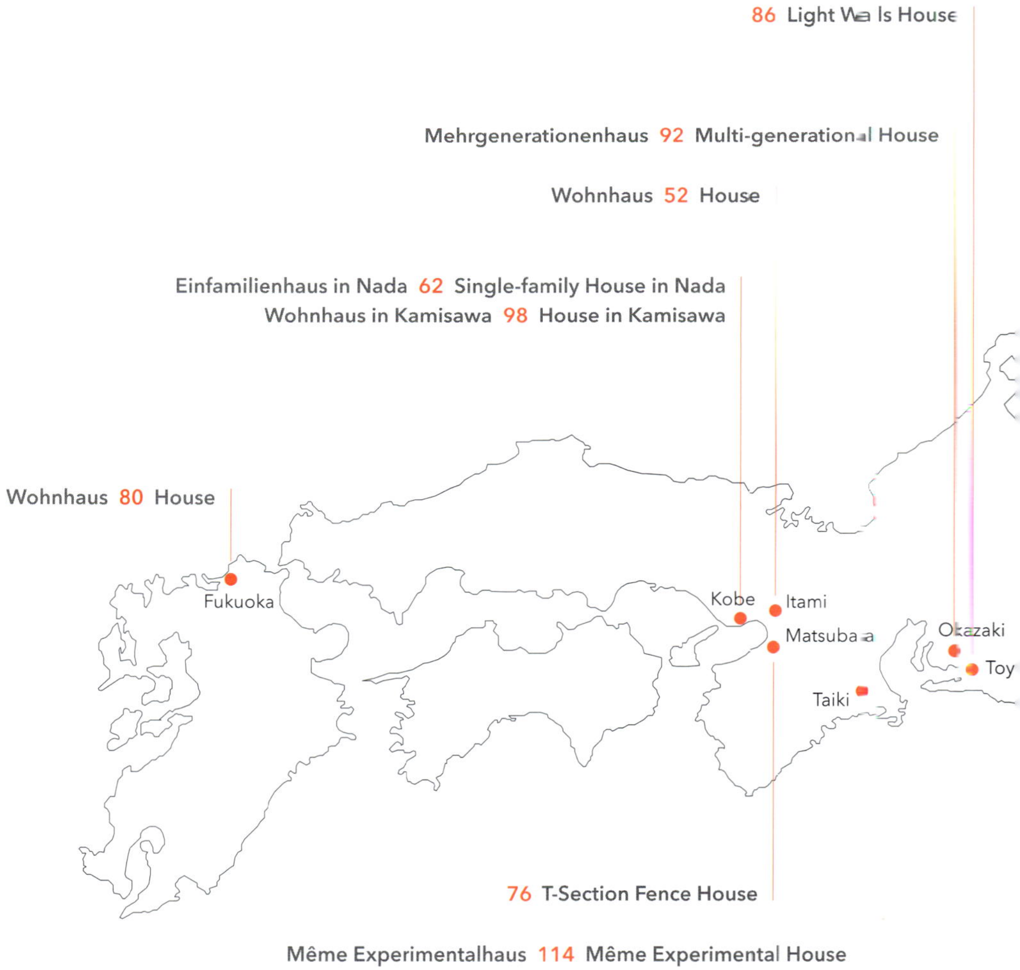

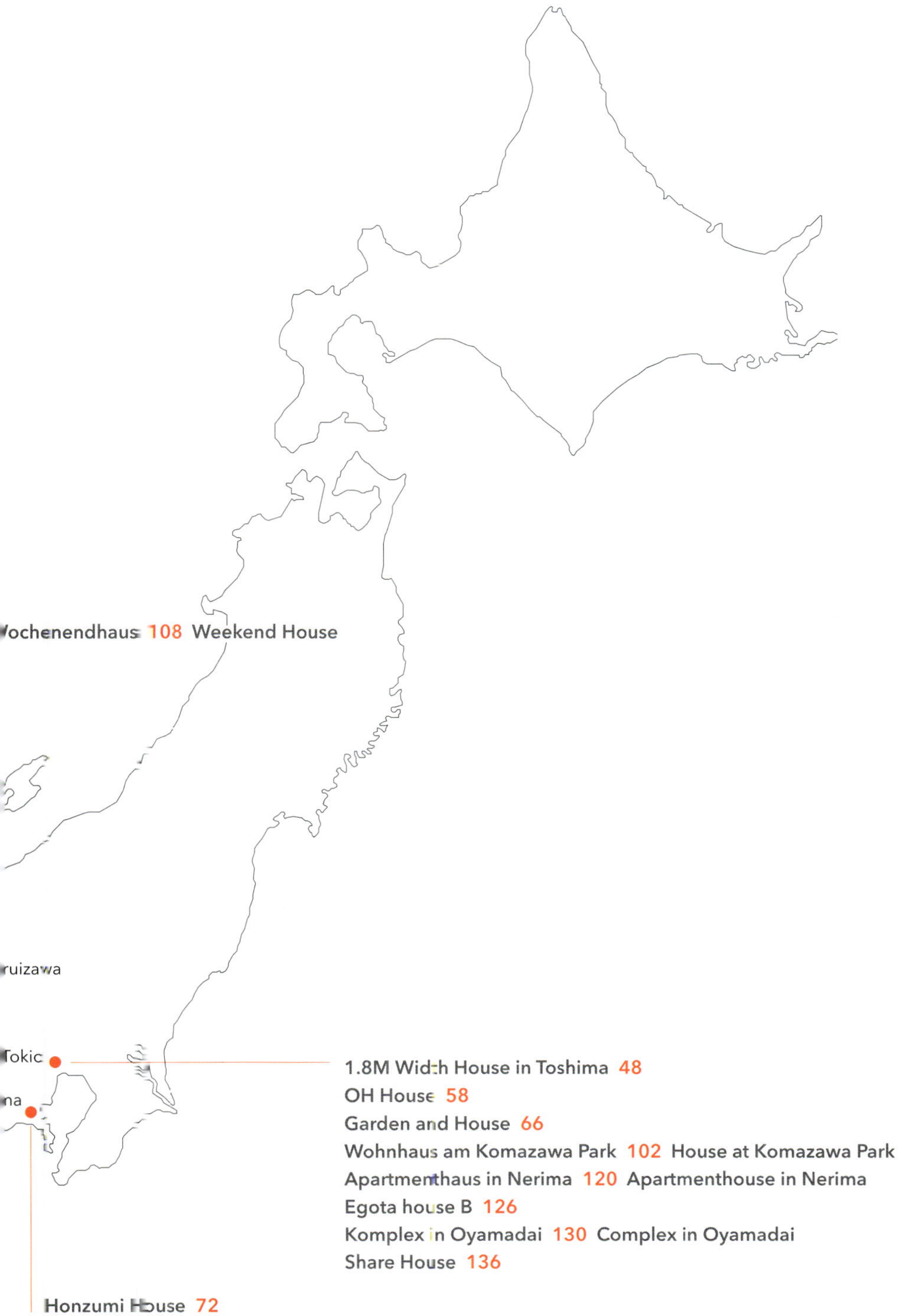
ochenendhaus 108 Weekend House
ruizawa
Tokio
1.8M Width House in Toshima 48
OH House 58
Garden and House 66
Wohnhaus am Komazawa Park 102 House at Komazawa Park
Apartmenthaus in Nerima 120 Apartmenthouse in Nerima
Egota house B 126
Komplex in Oyamadai 130 Complex in Oyamadai
Share House 136
na
Honzumi House 72

Einmeterachzig Breite
1.8 metres Width

1.8M Width House in Toshima, Tokio

Mit einer lichten Breite von nur 1,80 m zwängt sich dieses schmale Haus in eine Baulücke in dem Stadtbezirk Tokios mit der höchsten Bevölkerungsdichte. Um für den Bewohner und seine Katze dennoch ein großzügiges und offenes Wohngefühl zu erschaffen, verteilten die Architekten die Küche, die Schlaf- und Wohnbereiche sowie das Bad auf vier Splitlevel und schafften auf diese Weise eine Bruttogeschossfläche von etwa 80 m² auf einer Grundfläche von nur ca. 22 m². Eine Haupttreppe verbindet die der Straße zugewandten vier Ebenen, während die jeweiligen Zwischengeschosse über Leitern, kleinere Treppen und Stege erreichbar sind. Durch den völligen Verzicht auf massive Wände und die komplett verglasten Stirnseiten des Gebäudes scheinen die Decken auf einer Länge von elf Meter zwischen den angrenzenden Häusern zu schweben. Die Stahlträger und -stützen sind nahezu unsichtbar in die Konstruktion integriert. Aufgrund der natürlichen Luftzirkulation konnte auf eine Klimatisierung verzichtet werden.

Architekten: YUUA Architects & Associates
Grundstücksfläche: 29,28 m²
Geschossfläche: 80,42 m²
Anzahl der Nutzer: 1
Konstruktion: Stahl

1.8M Width House in Toshima, Tokyo

With a clear width of only 1.8 metres, this narrow house squeezes itself in to an open gap in Tokyo's most densely populated district. In order to create a generous and open atmosphere for the occupant and his cat, the architects distributed the kitchen, sleeping and living areas, as well as the bathroom, across four split-levels. In this way, a gross floor area of approximately 80 m² was created on a footprint of as little as about 22 m². A main staircase connects the four levels facing the street, while the intermediate levels can be accessed via ladders, smaller stairs and crossings. Due the complete absence of solid walls inside, in combination with the fully glazed narrow faces of the building, the floors appear to float across a length of 11 metres between the neighbouring houses. The steel bearing and supporting elements integrated into the construction are virtually invisible. Natural air circulation makes an air-conditioning system unnecessary.

Architects: YUUA Architects & Associates
Plot area: 29.28 m²
Gross floor area: 80.42 m²
Number of residents: 1
Construction: Steel

aa

Schnitte • Grundrisse
Maßstab 1:200

1 Abstellraum
2 Eingang
3 Arbeiten
4 Schlafen
5 Küche
6 Wohnen
7 Waschbereich
8 Bad
9 Terrasse
10 Loft

Sections • Floor plans
Scale 1:200

1 Storage
2 Entrance
3 Study
4 Bedroom
5 Kitchen
6 Dining room
7 Washroom
8 Bathroom
9 Terrace
10 Loft

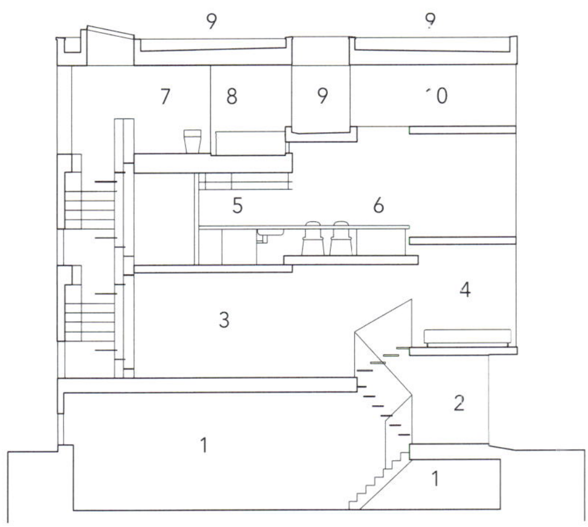

bb

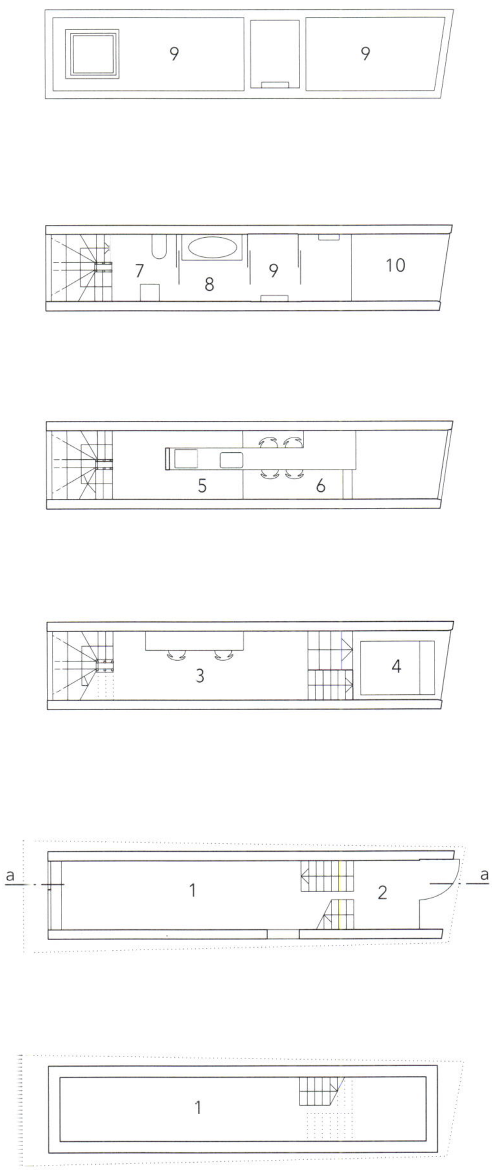
9
9
7
8
9
10
5
6
3
4
a
1
2
a
1

Wohnen mit Schränken

Clever Closets

Wohnhaus in Itami

House in Itami

Lageplan
Maßstab 1:1500

Site plan
Scale 1:1500

Dass Einfamilienhäuser in Japans dicht besiedelten Städten lang und schmal sind, ist an sich nicht außergewöhnlich. Dass die Architekten das Haus aber noch schmaler bauen, als es nötig wäre, sehr wohl. Um den Eingang in der Mitte des Grundrisses platzieren zu können, vergrößerten sie auf einer Seite des Gebäudes den Abstand um zusätzliche 40 cm, sodass ein Durchgang frei blieb.
Direkt gegenüber vom Eingang befindet sich ein Holzschrank, der die Treppe in die erste Etage mit integrierten Schubladen in den Stufen sowie die Waschmaschine und weiteren Stauraum beherbergt. Sogar die Toilette im Obergeschoss versteckt sich in einem »Wandschrank«. Um die fehlende Tiefe auszugleichen, stülpen sich einige dieser Schränke nach außen in den Zwischenraum zur Nachbarbebauung. Ist die Treppe weiter unten noch gestaltet wie ein Schrank, so betritt man das Dachgeschoss buchstäblich über das Sofa und ein Sideboard. Das Mobiliar ist hier nicht einfach nur gewöhnliches Beiwerk, sondern spielt raffiniert mit der Architektur zusammen.

It is hardly surprising that single-family houses generally possess a long and narrow design, in order to fit onto the small plots in Japan's densely populated cities. For architects to build such a house even narrower than necessary is, however, unusual. To allow for the central placement of the entrance in the floor plan, the distance to the neighbouring plot was increased by an additional 40 centimetres on one side, creating a passage. Directly opposite the entrance is a wooden closet. This also forms the first few steps of the stairs leading up to the first floor (with drawers integrated into the risers), and contains a washing machine and further storage space. Even the toilet in the upper storey is hidden in a "wall closet". To compensate for the lack of depth, some of these closets bulge outwards into the space between the building and the neighbouring construction. The stairs may be fashioned like a closet further down, but the uppermost storey is only accessed via a sofa and a sideboard. Rather than being mere accessories, furniture pieces are cleverly integrated into the architecture.

Architekten: Tato Architects
Grundstücksfläche: 59,16 m²
Geschossfläche: 95,79 m²
Anzahl der Nutzer: 2
Konstruktion: Stahl

Architects: Tato Architects
Plot area: 59.16 m²
Gross floor area: 95.79 m²
Number of residents: 2
Construction: Steel

Schnitte
Maßstab 1: 200

1 Eingang
2 Waschbecken
3 Toilette
4 Abstellraum
5 Schlafen
6 Wohnen
7 Essen
8 Küche
9 Multifunktionsraum
10 Atelier
11 Terrasse

aa

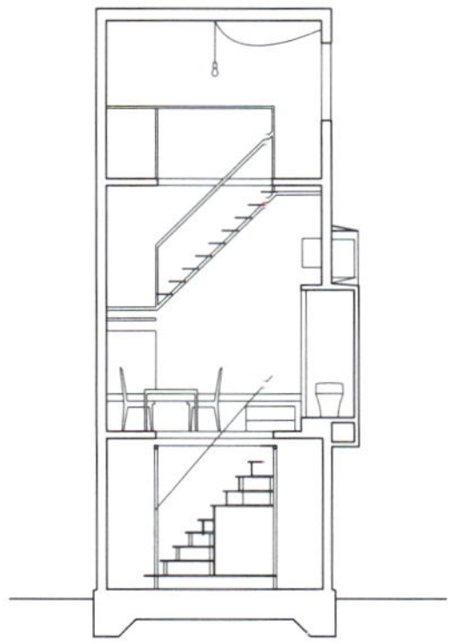

bb

Sections
Scale 1:200

1 Entrance
2 Washbasin
3 Toilet
4 Storage room
5 Bedroom
6 Living room
7 Dining room
8 Kitchen
9 Multipurpose room
10 Atelier
11 Terrace

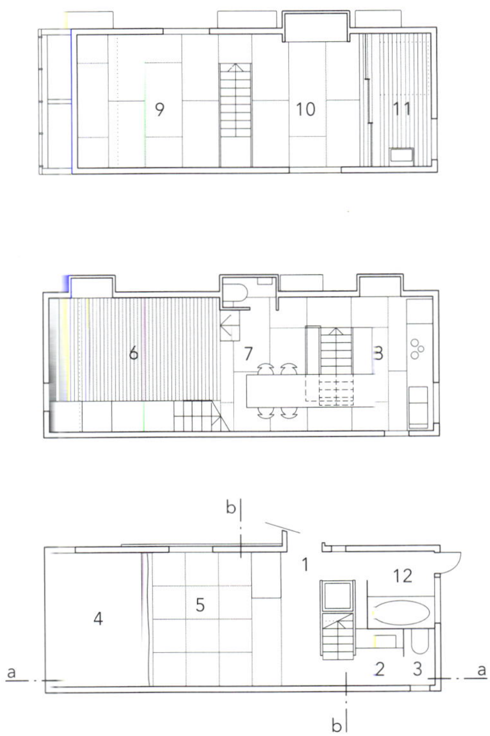

Grundrisse
Maßstab 1:200

1 Eingang
2 Waschbecken
3 Toilette
4 Abstellraum
5 Schlafen
6 Wohnen
7 Essen
8 Küche
9 Multifunktionsraum
10 Atelier
11 Terrasse
12 Bad

Floor plans
Scale 1:200

1 Entrance
2 Washbasin
3 Toilet
4 Storage room
5 Bedroom
6 Living room
7 Dining room
8 Kitchen
9 Multipurpose room
10 Atelier
11 Terrace
12 Bathroom

Haus ohne Einblick
Shielded from View

Die außergewöhnliche Gestalt des Hauses von Familie Oh liegt in der unregelmäßigen Form des Grundstücks begründet. Doch damit nicht genug: Es liegt zudem 1,5 m unterhalb des Straßenniveaus. Dies machten die Architekten sich zu nutze, um auf Wunsch der Bauherrn einen Parkplatz auf dem Grundstück unterzubringen. Sie bedeckten den Höhensprung mit einem lichtdurchlässigen Stahlgitter, auf dem nun das Auto der Familie parkt und von dem aus eine Treppe nach unten zum Eingang führt. Im selben Geschoss befinden sich zwei Schlafräume sowie Bad und Toilette. Eine filigrane Treppe führt nach oben in das Wohngeschoss, wo ein großer Esstisch an dünnen Stahlstäben von der Decke hängt. Im obersten Geschoss, einer Galerieebene, liegt ein weiterer Schlafraum.
Obwohl die Bauherren sich wünschten, dass keine Einsicht ins Innere möglich ist, gelang es den Architekten großzügige Fensteröffnungen zu platzieren, sodass der Innenraum lichtdurchflutet wird und – vor allem auch aufgrund des Luftraums – größer erscheint, als das Äußere es vermuten lässt.

The unusual shape of the house belonging to the Oh family is attributable to the irregular shape of the plot of land. As if that were not enough to make it unique, the building also lies 1.5 m below street level. The architects made use of this difference in height to fulfil the client's request to accommodate a parking space on the site: a translucent steel grating platform providing space for the family car that leads to the entrance below via a set of stairs. The lower storey also contains two bedrooms, a bathroom and WC. Filigree stairs lead upwards to the storey containing the living/dining area, with its large dining table suspended from the ceiling by means of thin steel rods. A further bedroom is located on the uppermost gallery level.
Another client specification was to have the interior shielded from view. Due to the well-considered placement of generous window openings, the architect was nevertheless able to create a light-flooded interior that appears larger – thanks mainly to the void space – than one would expect from the outside.

Architekten: Atelier Tekuto
Grundstücksfläche: 84,46 m²
Geschossfläche: 88,06 m²
Anzahl der Nutzer: 6
Konstruktion: Holz

Architects: Atelier Tekuto
Plot area: 84.46 m²
Gross floor area: 88.06 m²
Number of residents: 6
Construction: Timber

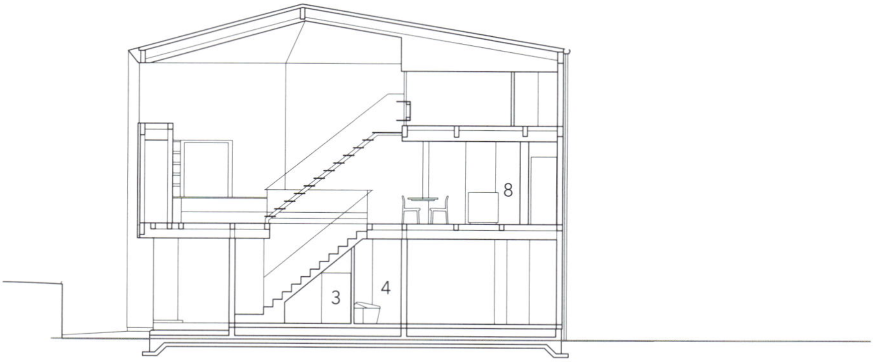
8
3
4

OH House in Tokio

OH House in Tokyo

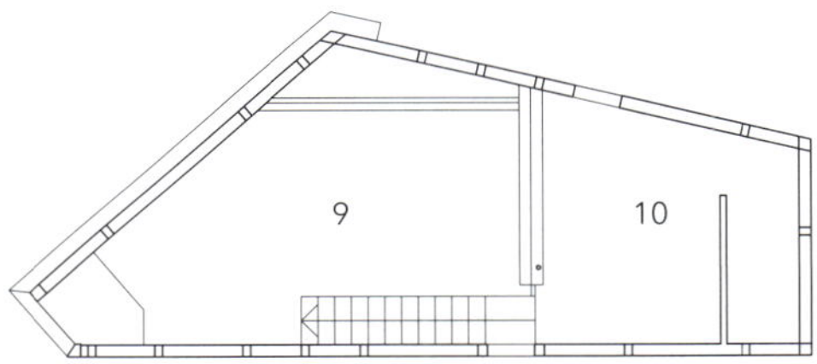

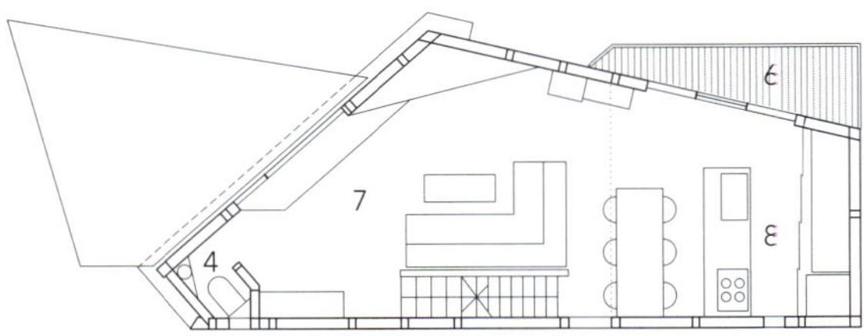

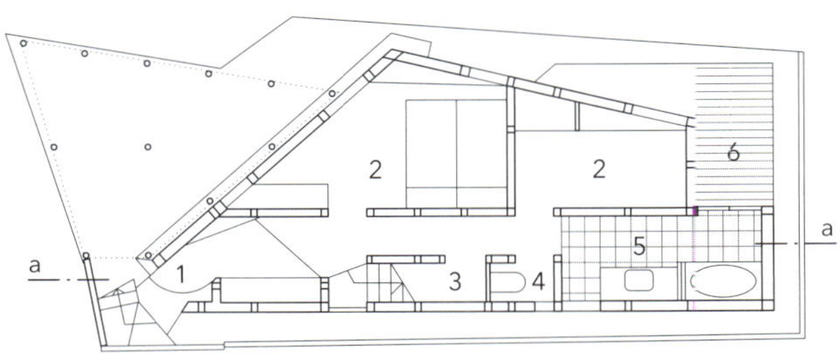

Schnitt • Grundrisse
Maßstab 1:200

1 Eingang
2 Schlafen
3 Abstellraum
4 Toilette
5 Bad
6 Terrasse
7 Wohnen
8 Küche
9 Luftraum
10 Galerie

Section • Floor plans
Scale 1:200

1 Entrance
2 Bedroom
3 Storage
4 Toilet
5 Bathroom
6 Terrace
7 Living room
8 Kitchen
9 Void
10 Loft space

Holzbox mit Aussicht

Wooden Box with a View

Einfamilienhaus in Nada, Kobe

Single-family House in Nada, Kobe

Ein großer Vorteil von winzigen Grundstücken in teuren Wohngegenden ist ihr entsprechend günstiger Anschaffungspreis. So konnte eine vierköpfige Familie sich in Kobe den Traum von einem eigenen Haus erfüllen. Auf einer engen Grundstücksfläche von nur 37 m² schafften es die Architekten, neben einem vorgeschriebenen Parkplatz ein dreigeschossiges Haus mit einer Grundfläche von 22 m² zu errichten, in dem die Bewohner sich wohl und nicht beengt fühlen. Grund hierfür sind sicherlich auch die großzügigen Raumhöhen. Im Erdgeschoss finden neben dem Eingangsbereich ein Bad, eine Toilette und Schränke Platz. Über eine Luke im Boden gelangt man in einen niedrigen Keller. Im ersten Stock liegen Küche, Ess- und Wohnbereich, im obersten Geschoss die beiden Kinder- und das Elternschlafzimmer, von dem aus man auf eine Dachterasse klettern und den Blick über die Stadt genießen kann. Besonderheit ist der zentrale Luftraum mit öffenbarem Oberlicht, der sich durch alle Ebenen zieht und zugleich als riesiges Regal und Lichtkamin fungiert.

The big advantage of tiny plots in expensive residential areas is a correspondingly attractive price. A family of four was able to fulfil their dream of having their own house in Kobe in this way. On a narrow plot of land measuring only 37 m², the architects managed to create a three-storey house offering comfortable and generous living space for the occupants on a footprint of 22 m², as well as to provide a required parking area. The feeling of spaciousness achieved is certainly also attributable to the generous room heights. Bathroom, WC and closets are located next to the entrance area on the ground floor. A low cellar can be reached through a hatch in the floor. Kitchen, dining and living areas are situated on the first floor, with the master and two children's bedrooms on the uppermost floor, from where a roof terrace offering a view of the city can be accessed. A special feature is the central void with opening skylight, which runs through all the storeys and doubles up as a huge shelf and lightwell.

Architekten: fujiwarramuro architects
Shintaro Fujiwara, Yoshio Mur
Grundstücksfläche: 36,95 m²
Geschossfläche: 63,33 m²
Anzahl der Nutzer: 4
Konstruktion: Stahl, Holz

Architects: fujiwarramuro architects
Shintaro Fujiwara, Yoshio Mur
Plot area: 36.95 m²
Gross floor area: 63.33 m²
Number of residents: 4
Construction: Steel, timber

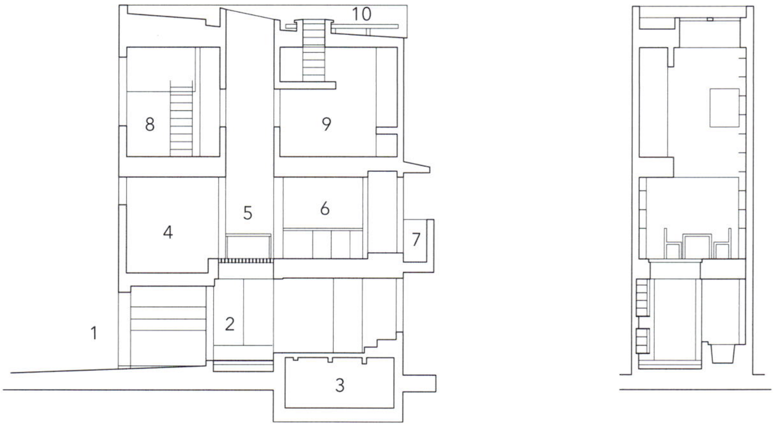

Schnitte • Grundrisse
Maßstab 1:200

1 Parkplatz
2 Eingang
3 Abstellraum
4 Wohnen
5 Essen
6 Küche
7 Balkon
8 Kinderzimmer
9 Schlafen
10 Dachterrasse
11 Bad
12 Waschbereich
13 Luftraum

Sections • Floor plans
Scale 1:200

1 Parking
2 Entrance
3 Storage
4 Living room
5 Dining area
6 Kitchen
7 Balcony
8 Nursery
10 Roof terrace
11 Bathroom
12 Washroom
13 Void

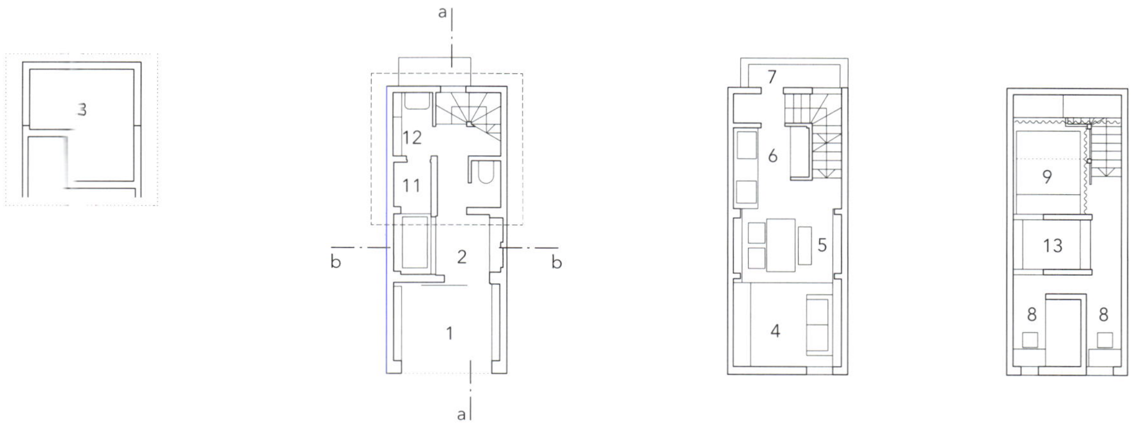
3
a
12
11
2
1
b
b
a
7
6
5
4
9
13
8
8

Garten im Haus
Garden in the House

Garden and House in Tokio

Eingekeilt zwischen Hochhäusern erscheint das viergeschossige Wohnhaus in Tokio wie ein Fremdkörper, und doch fügt sich der unkonventionelle Entwurf in der hoch verdichteten, durch Vielfalt geprägten Stadt in das Gesamtbild ein. Das plastisch gestaltete Gebäude ermöglicht Wohnen und Arbeiten in einem offenen, lichtdurchfluteten Umfeld und trotzt der beengten Lage in seiner Nachbarschaft. Auf dem kleinen Grundstück von lediglich vier auf acht Metern scheinen die massiven Deckenplatten aus Beton übereinander zu schweben. Erst auf den zweiten Blick fallen die wuchtigen, unterschiedlich dimensionierten Betonpfeiler auf, die die Platten tragen. Eine filigrane Treppe aus Stahl verbindet die Ebenen miteinander. Raumhohe Glaswände öffnen die kleinen Zimmer großzügig zu den vorgelagerten Terrassen- und Pflanzflächen, der nahezu ganzjährig als erweiterter Wohn- und Arbeitsraum nutzbar ist. Die üppigen Pflanzen dienen als Sichtschutz und Gestaltungselement der Fassade.

Architekten: Ryue Nishizawa
Geschossfläche: ca. 90 m²
Konstruktion: Stahlbeton

Garden and House in Tokyo

Wedged between high-rise buildings, this four-storey house in Tokyo may at first appear out of place, but the unconventional design nonetheless manages to blend into the highly dense and diverse cityscape. The design of this building makes it possible to live and work in an open, light-flooded environment despite the cramped fabric of the neighbourhood. The solid slabs of concrete dividing the storeys appear to float above each other on the small plot, measuring only four by eight metres. The massive concrete columns of differing sizes that carry the slabs are noticeable only at second glance. A light steel staircase links the storeys. Full-height glazed walls visually enlarge the small interior spaces, extending them to green terraces that may also be used as living and working areas almost all the year round. The lush plants serve as a screen, as well as a designed element of the facade that is visible externally.

Architects: Ryue Nishizawa
Gross floor area: ca. 90 m²
Construction: Reinforced concrete

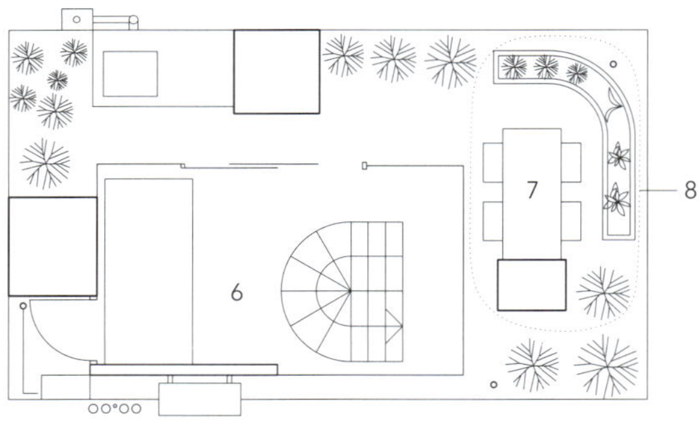

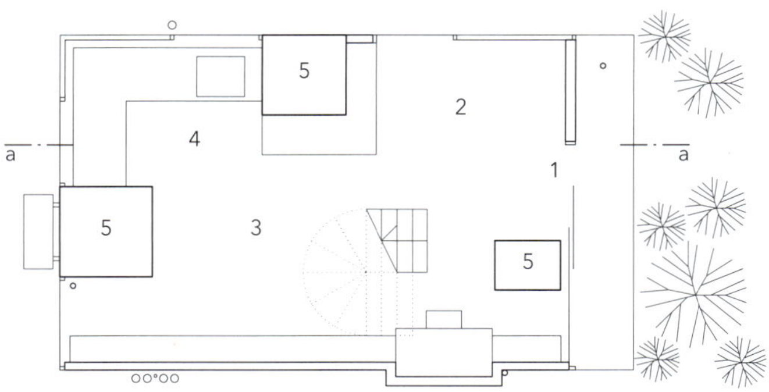

Grundrisse
Maßstab 1:100

1 Eingang
2 Wohnen
3 Essen
4 Küche
5 Pfeiler Stahlbeton
6 Zimmer
7 Besprechung
8 Vorhang
9 Sitzbank Beton
10 Bad
11 Dachterrasse

Floor plans
Scale 1:100

1 Entrance
2 Living area
3 Dining area
4 Kitchen
5 Reinf. concrete pillar
6 Room
7 Communal area
8 Curtain
9 Concrete bench
10 Bathroom
11 Roof terrace

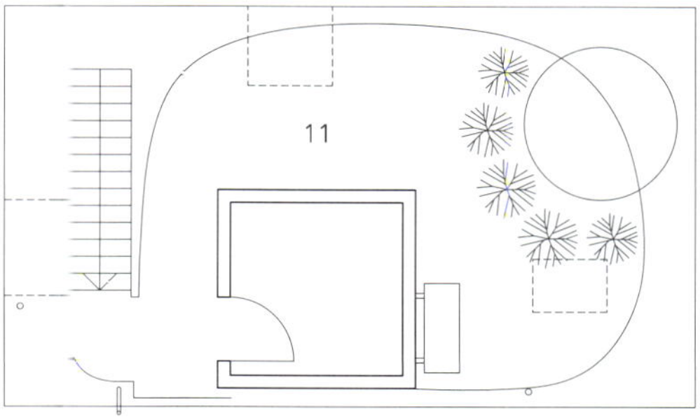
11

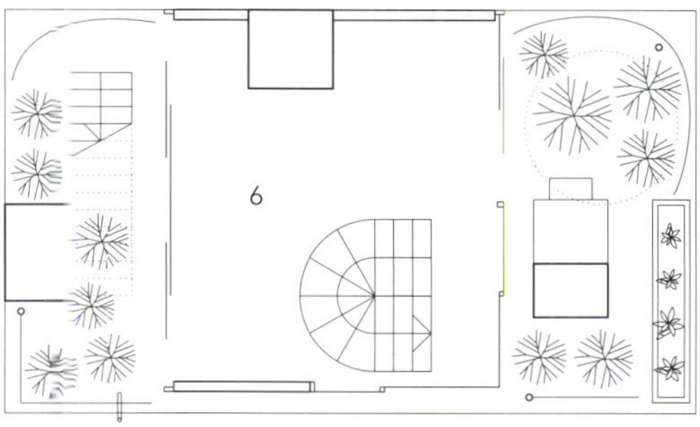
6

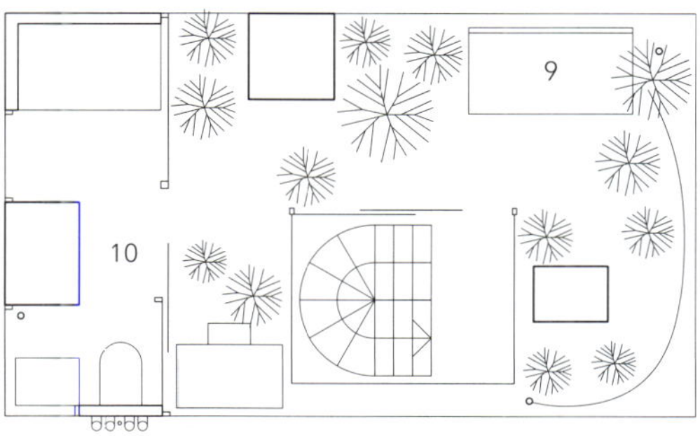
9
10

Vertikalschnitt Maßstab 1:75

1 Abdichtung PU-Beschichtung
Stahlbeton im Gefälle 200-230 mm
2 Handlauf Stahlrohr ∅ 25/3 mm
3 Putz 15 mm
Wärmedämmung 45 mm
4 Brüstung Acrylglas 18 mm
5 Schiebetür: Isolierverglasung in Aluminiumrahmen
6 Estrich geschliffen, beschichtet 40 mm
Paneel Fußbodenheizung 42 mm
Wärmedämmung 50 mm
Stahlbeton 200 mm
7 Trittstufe Flachstahl 9 mm
8 Substrat 20-50 mm
Abdichtung
Stahlbeton im Gefälle 200-230 mm
9 Pflanztrog Beton
10 Garderobe Stahlrohr ∅ 25/3 mm

Vertical section scale 1:75

1 polyurethane seal
200-230 mm reinf. concrete to falls
2 ∅ 25/3 mm tubular steel handrail
3 15 mm plaster
45 mm thermal insulation
4 18 mm acrylic plastic balustrade
5 sliding door: double glazing in aluminium frame
6 40 mm screed, ground smooth and with coated finish
42 mm underfloor heating panel
50 mm thermal insulation
200 mm reinforced concrete floor
7 9 mm steel staircase tread
8 20-50 mm substrate layer
sealing layer
200-230 mm reinf. concrete to falls
9 concrete planting box
10 ∅ 25/3 mm steel hanging rail

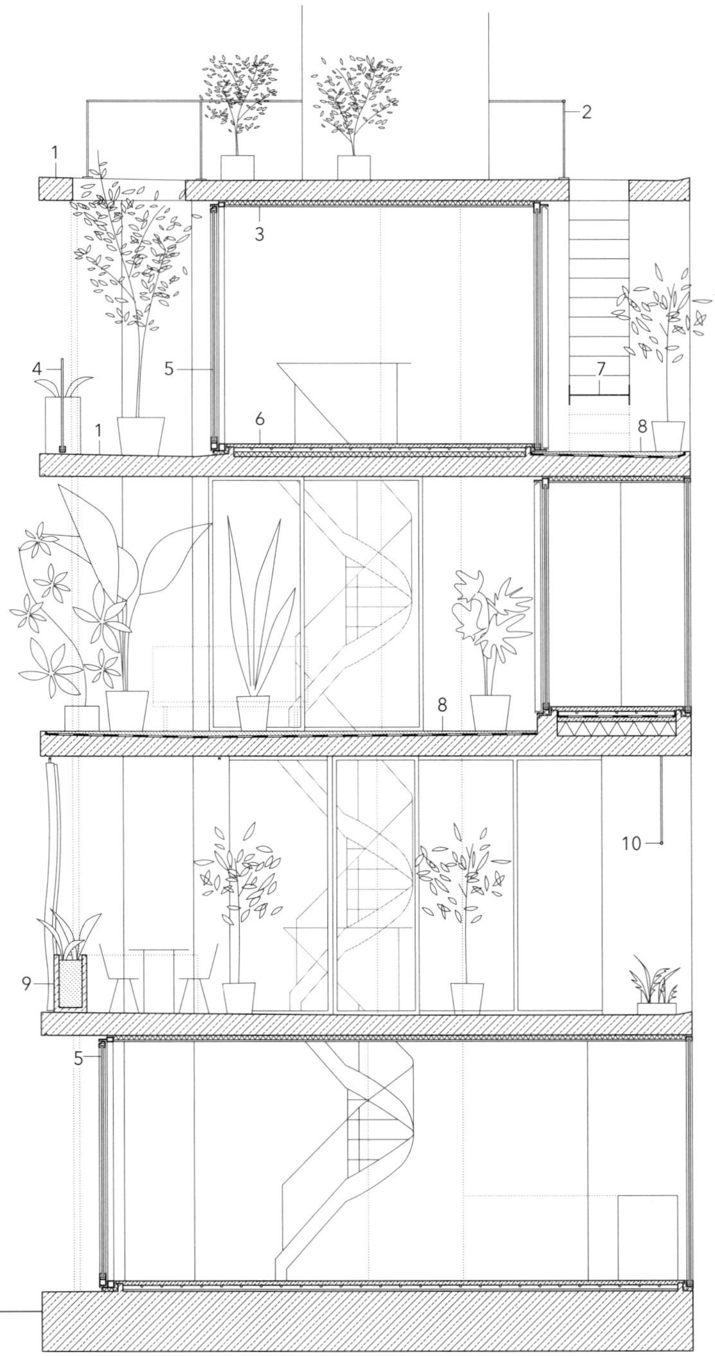

aa

Chimney-ish House

Chimney-ish House

Japanische Wohngegenden sind aufgrund einer Brandschutzregelung oftmals von dicht gebauten, aber freistehenden Häusern geprägt. Die Intention der Architekten war es hier, eine schmale Lücke in der Bebauung optimal zu nutzen, ohne die Nachbarn einzuschränken. Auf lediglich 50 m² Grundstücksfläche drängt sich dieses Haus an ein bestehendes Gebäude und wirkt so, als hätte es schon immer dazugehört. Es blieb sogar Platz für einen Parkplatz auf dem Grundstück. Eine filigrane Wendeltreppe verbindet die momentan nur zwei Geschosse mit der Dachterrasse. Es besteht die Möglichkeit, eine zweite Etage in den Luftraum einzuziehen und so die Wohnfläche von zur Zeit etwa 56 m² zu erweitern. Aufgrund der offenen Bauweise im Inneren ist eine Klimaanlage verzichtbar, denn die warme Luft kann durch das gesamte Gebäude wie in einem Kamin nach oben strömen und über den Dachaustritt auf die Terrasse entweichen.

Architekten: Tanaka Akinari Kenchiku Design Office
Grundstücksfläche: 49,73 m²
Geschossfläche: 55,8 m²
Anzahl der Nutzer: 4
Konstruktion: Holz

Honzumi House in Yokohama

Due to strict fire regulations, Japanese residential areas are often characterised by densely composed yet freestanding houses. Here, the architects aimed for optimal utilisation of a narrow gap in an otherwise built-up frontage. Situated on an infill plot of only 50 m², this house stands intimately close to an older building, as though it has always been there. There is even space for a parking area on the site. A delicate spiral staircase connects the upper storeys with the roof terrace. Stair landings are superfluous since the levels can be accessed directly from the steps of the stairs. There is an option to add another storey into the void space and thereby extend the current dwelling area of approximately 56 m². Air conditioning is not required due to the open and well ventilated room arrangement: as in a chimney, warm air can rise through the building and escape to the terrace via the roof exit.

Architects: Tanaka Akinari Kenchiku Design Office
Plot area: 49.73 m²
Gross floor area: 55.8 m²
Number of residents: 4
Construction: Timber

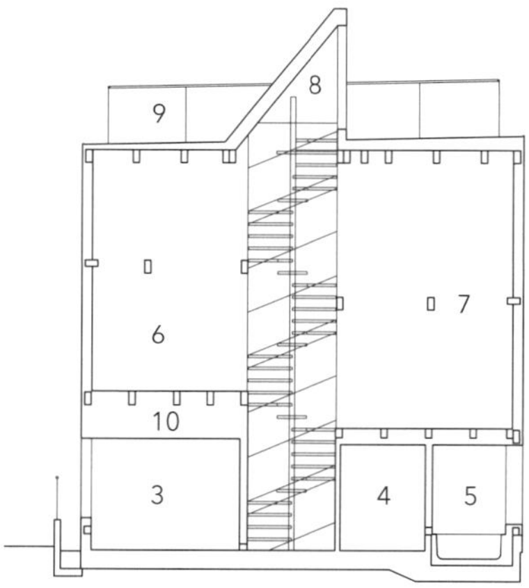

aa

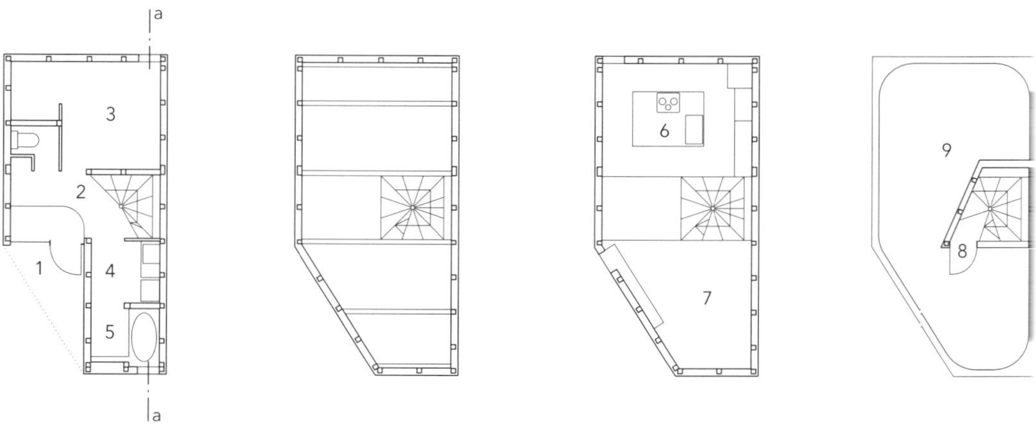

Schnitt • Grundrisse
Maßstab 1:200

1 Parkplatz
2 Eingang
3 Schlafzen
4 Waschbereich
5 Bad
6 Küche
7 Wohnen
8 Dachaustritt
9 Dachterrasse
10 Abstellraum

Section • Floor plans
Scale 1:200

1 Parking area
2 Entrance
3 Bedroom
4 Washroom
5 Bathroom
6 Kitchen
7 Living area
8 Penthouse
9 Rooftop terrace
10 Storage

Honzumi House in Yokohama

Versteckt hinterm Zaun
Hidden Behind a Fence

T-Section Fence House in Matsubara

Verglichen mit anderen Einfamilienhäusern in Japan erscheint dieses mit einer Fläche von etwa 80 m² fast schon riesig. Um den Bewohnern ein Maximum an Privatsphäre zu ermöglichen, umgibt ein hoher Zaun das kompette Grundstück wie eine zweite Fassade. Durch eine transluzente Verglasung im Zaun fällt Morgenlicht auf das zweigeschossige Haus. Die raumhohen Schiebefenster zum offenen Grundriss mit Küche und dem Wohn- und Essbereich lassen sich vollständig zu einer Veranda hin öffnen und erweitern das Wohnen nach draußen. Neben einem Schlafzimmer mit Ankleide im Erdgeschoss befinden sich im Mezzanin unter dem Dach zwei weitere Schlafräume und ein Abstellraum mit Fenstern nach unten in den Wohnbereich, die auf Wunsch mit Schiebeläden geschlossen werden können. Hinter der metallenen Fassade verbirgt sich die Holzkonstruktion des Gebäudes. Auch alle Möbel und Einbauten sind aus naturbelassenen Sperrholzplatten gefertigt, deren Maserung den Innenraum prägt.

Architekten: Hitotomori (Tomoko und Yoshiaki Nagasaka)/Hane-Kenchiku-Koubou (Masuo Shiojiri)
Grundstücksfläche: 100,39 m²
Geschossfläche: 78,67 m²
Anzahl der Nutzer: 4
Konstruktion: Holz

Compared to other single-family homes in Japan, this house, with an area of about 80 m², almost appears huge. In order to maximise the privacy of the occupants, the whole plot is enclosed by a tall fence that acts almost like a second facade. Morning light enters the two-storey house through translucent glazing. Full-height sliding windows allow the open-plan kitchen and living/dining area to be opened up towards a verandah, extending the living space to the outside. A bedroom with dressing room is located on the ground floor. On the mezzanine floor under the roof are two further bedrooms and a storage space with views down into the living area below, which can be closed off with sliding shutters. The wooden construction of the building is concealed behind the metallic fence/facade. All furniture and built-in structures are made of untreated plywood, the distinctive grain of which forms the character of the interior.

Architects: Hitotomori (Tomoko and Yoshiaki Nagasaka)/Hane-Kenchiku-Koubou (Masuo Shiojiri)
Plot area: 100.39 m²
Gross floor area: 78.67 m²
Number of residents: 4
Construction: Timber

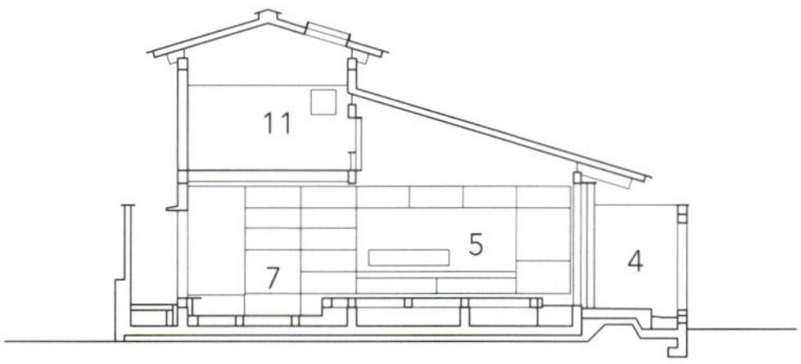

Schnitt
Maßstab 1:200

Section
Scale 1:200

T-Section Fence House in Matsubara

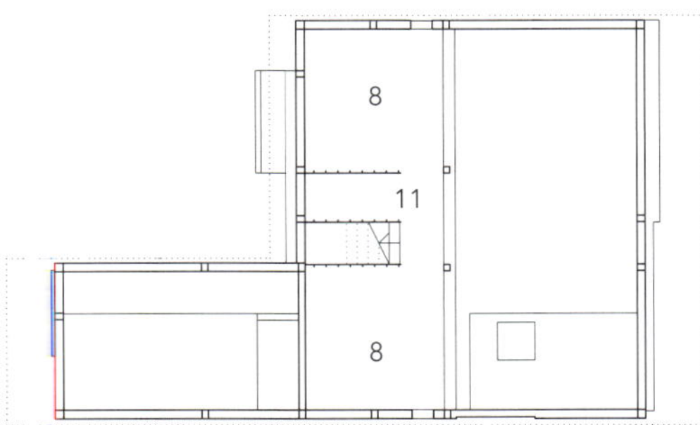

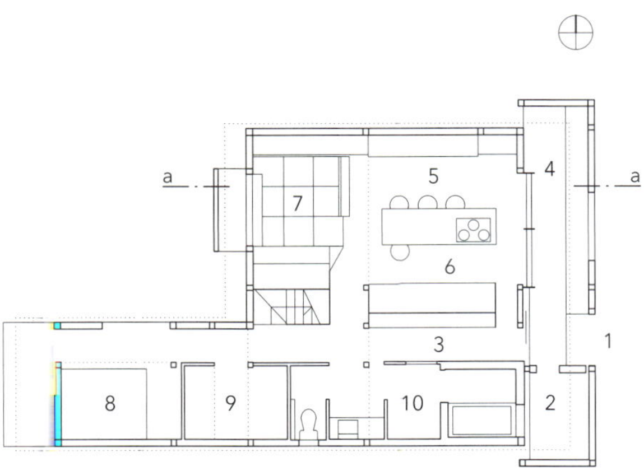

Grundrisse
Maßstab 1:200

1 Tor
2 Garten
3 Eingang
4 Terrasse
5 Essen
6 Küche
7 Tatami-Raum
8 Schlafen
9 Ankleide
10 Bad
11 Abstellraum

Floor plans
scale 1:200

1 Gate
2 Garden
3 Entrance
4 Terrace
5 Dining room
6 Kitchen
7 Tatami room
8 Bedroom
9 Dressing room
10 Bathroom
11 Storage

Treppenraum zum Wohnen
Living in a Stairwell

Wohnhaus in Fukuoka

House in Fukuoka

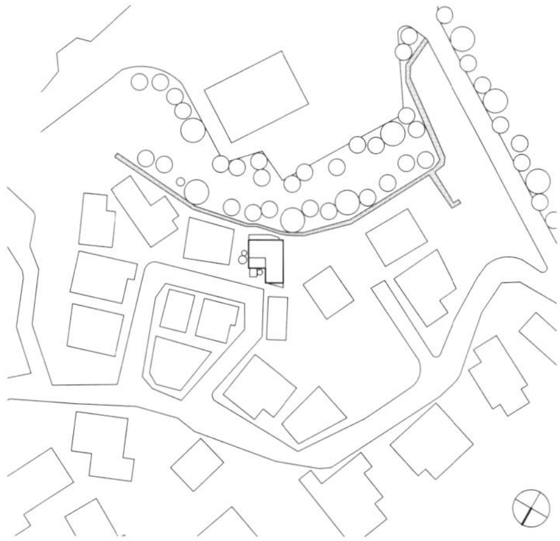

Lageplan
Maßstab 1:2000

Site plan
scale 1:2000

Das Wohnhaus auf der südlichen Insel Kyushu Japans wirkt trotz seiner kleinen Grundrisse sehr großzügig. Ein offener Treppenraum verbindet die drei Ebenen des kompakten, mit Sperrholz ausgekleideten Volumens und wird, flankiert von einer Regalwand, zum durchgehenden Wohnraum über alle Geschosse. Scheinbar willkürlich gesetzte Fenster und das abgesenkte Sockelgeschoss aus massivem Beton führen dazu, dass die Anzahl der Etagen von außen kaum ablesbar ist. Möbel, Materialität und Lichtstimmung bilden eine komplexe Einheit. So geht die Küchenzeile im Erdgeschoss fließend in den Esstisch über. Auch traditionelle Elemente finden Einzug in die Architektur: Raumhohe Schiebepaneele verbergen Schrankräume, ein Zimmer ist mit klassischen japanischen Tatami-Matten ausgelegt. Lichthöfe, Oberlichter und von innen präzise gesetzte Fenster unterschiedlicher Formate sorgen für natürliche Belichtung und Belüftung und offerieren gezielte Ausblicke in die Umgebung und den Himmel.

The residential building located on the southern island of Kyushu offers a very generous impression despite its small floor plan. An open staircase flanked by a wall of shelves connects the three levels of the compact plywood-clad house and creates a continuous living space throughout the volume. The number of storeys is hard to discern from the outside due to an apparently random placement of windows, added to the fact that the lower floor is partially below ground level. The furnishings, materiality and lighting form a complex whole. The kitchen units on the ground floor extend to form a dining table, for instance. Traditional elements are also included in the architecture: full-height sliding panels conceal storage space and there is a traditional Japanese room with tatami mats. Windows in the roof and high up in the walls, precisely positioned and of differing sizes, ensure natural illumination and ventilation. They furthermore offer specific views of the surroundings and the sky.

Architekten: Movedesign (Mikio Sakamoto)
Grundstücksfläche: 126,68 m²
Geschossfläche: 142,68 m²
Anzahl der Nutzer: 3
Konstruktion: Stahlbeton, Holz

Architects: Movedesign (Mikio Sakamoto)
Plot area: 126.68 m²
Gross floor area: 142.68 m²
Number of residents: 3
Construction: Reinforced concrete, timber

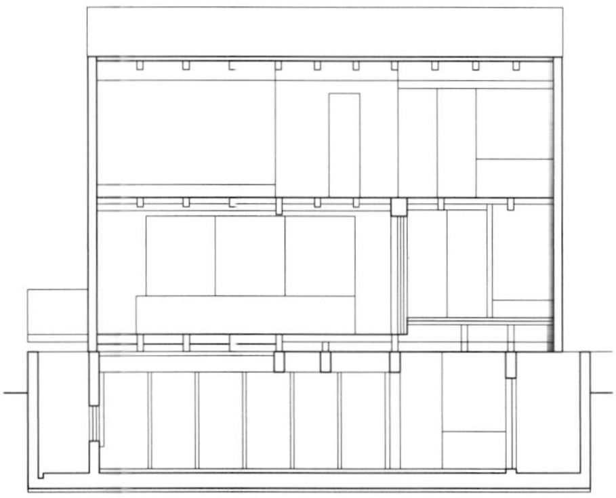

Schnitt • Grundrisse
Maßstab 1:200

1 Lichthof
2 Wohnen
3 Ankleide
4 Eingang
5 Garderobe
6 Esszimmer
7 japanisches Zimmer
8 Küche
9 Balkon
10 Dachterrasse
11 Schlafzimmer

Section • Floor plans
Scale 1:200

1 Patio
2 Living room
3 Dressing room
4 Entrance
5 Hats + coats
6 Dining room
7 Japanese room
8 Kitchen
9 Balcony
10 Roof terrace
11 Bedroom

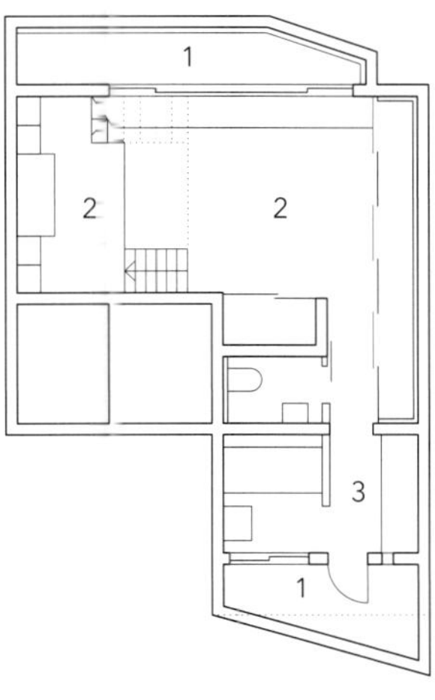

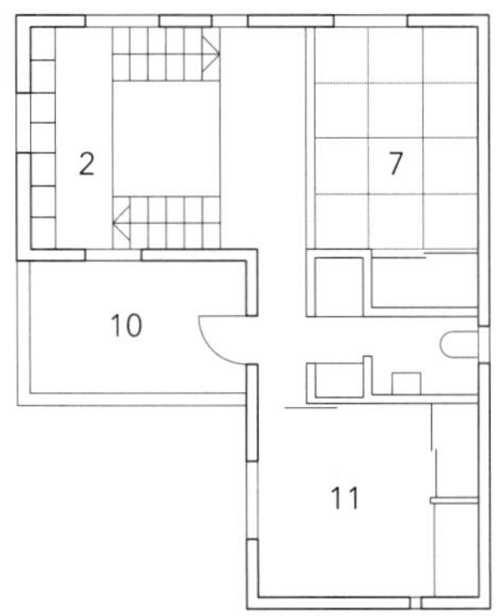

Vertikalschnitt
Maßstab 1:50

Vertical section
Scale 1:50

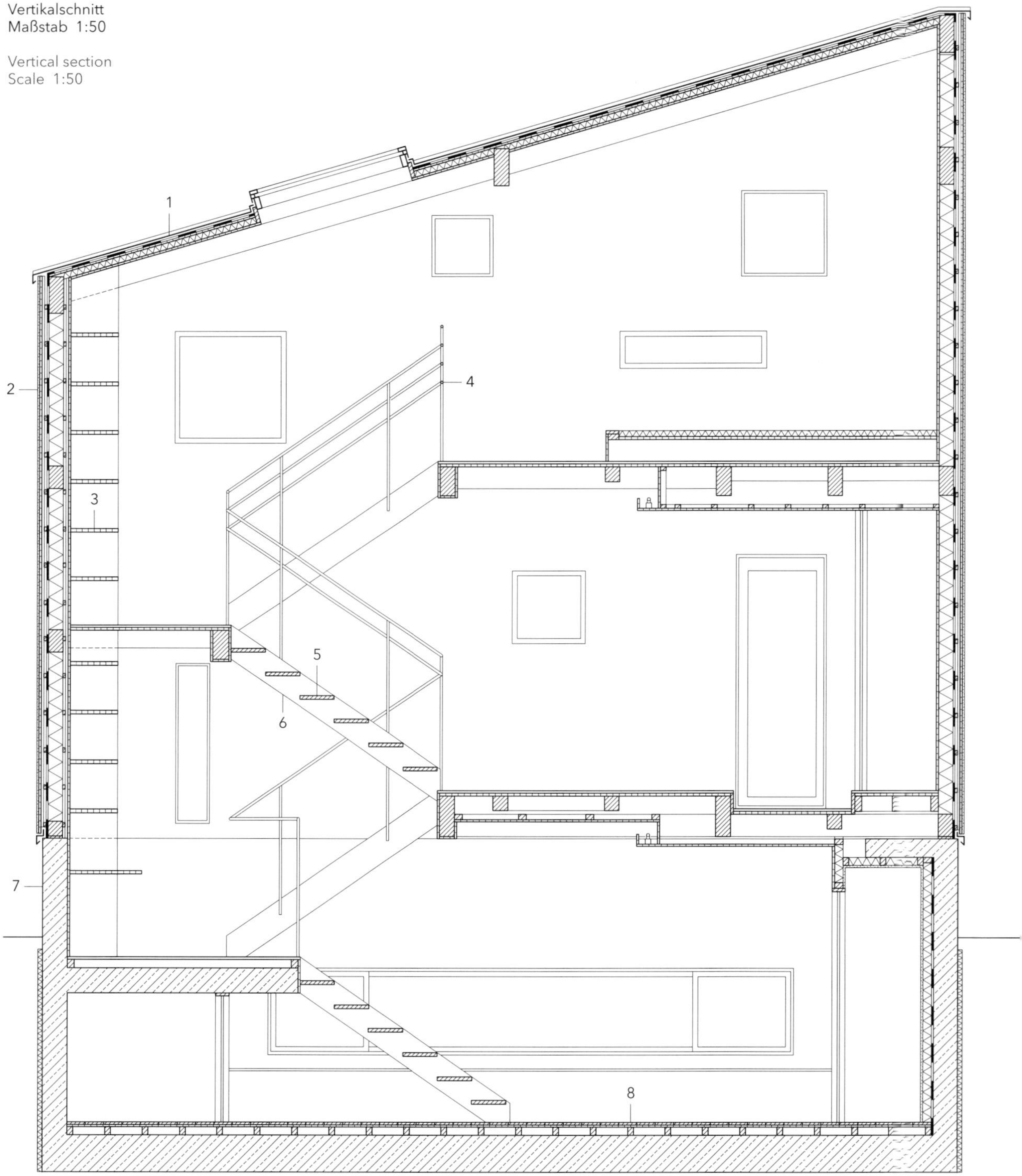

bb

1 Zinkblech 0,35 mm
Dichtungsbahn
Sperrholzplatte 18 mm
Wärmedämmung 50 mm
Sperrholzplatte 9 mm
Furniersperrholz Meranti 5 mm
Sparren 120/180 mm
2 Putz 15 mm
Faserzementplatte 12,5 mm
Lattung/Konterlattung 20/35 mm
Fassadenbahn diffusionsoffen
Konstruktionsvollholz dazwischen
Wärmedämmung 120 mm
Lattung/Konterlattung 20/35 mm
Sperrholzplatte 9 mm
Furniersperrholz Meranti 5 mm
3 Furniersperrholz Meranti 24 mm
4 Handlauf Stahlrohr ∅ 25 mm
5 Trittstufe Kirsche 30 mm
6 Wange Flachstahl 6 mm
7 Stahlbeton 200 mm
8 Parkett Kirsche 15 mm

1 0.35 mm sheet zinc
sealing layer
18 mm plywood
50 mm thermal insulation
9 mm plywood
5 mm lam. meranti boarding
120/180 mm rafters
2 15 mm rendering
12.5 mm fibre-cement board
20/35 mm battens/counter-battens
moisture-diffusing facade layer
structural timbers with 120 mm thermal insulation between
20/35 mm battens/counter-battens
9 mm plywood
5 mm lam. meranti boarding
3 24 mm lam. meranti boarding
4 ∅ 25 mm tubular steel handrail
5 30 mm cherrywood tread
6 6 mm sheet-steel string
7 200 mm reinforced concrete wall
8 15 mm cherrywood parquet

Wände voll Licht
Flooded with Light

Light Walls House in Toyokawa

Lageplan
Maßstab 1:2000

Site plan
Scale 1:2000

Das schlichte Wohnhaus mit einer Grundfläche von rund 80 m² kommt mit nur zwei Öffnungen – der Haustüre und einem Fenster – aus und ist dennoch im Inneren hell von Tageslicht durchflutet. Da ein zweigeschossiges Nachbarhaus die Südseite komplett verschattet, fanden die Architekten in einem umlaufenden Oberlichtband am Dachrand eine ungewöhnliche Lösung. Eine leicht schräg befestigte helle Holzverschalung reflektiert das von oben einfallende Tageslicht und streut es ins Innere. In den quadratischen Grundriss mit einer großzügigen Raumhöhe sind vier verschieden große Boxen eingestellt, die das Schlafzimmer sowie das Bad aufnehmen und als Stauraum dienen. An den Wänden umlaufend befinden sich Toilette, Küche, Arbeits- und Eingangsbereich. Der dazwischen entstehende Raum liegt etwas höher auf einem Holzsockel und fungiert zugleich als Verkehrsfläche und Ess- sowie Wohnbereich. Zwei der Boxen sind zweigeschossig und über Leitern erreichbar, sie bieten zusätzliche Rückzugsorte.

This simple house with a floor space of about 80 m² only has two openings – the front door and one window – and yet, manages to be bright and flooded with daylight inside. The cramped and shady location led the architects to resort to an unusual solution: a continuous band of clerestory windows lining the edge of the roof. Slanted, light-coloured timber boards reflect daylight entering from above, scattering it in the interior. The square footprint contains four boxes of different sizes, serving as bedroom, bathroom and two storage spaces. Toilet, kitchen, work and entrance areas are located along the high outer walls of the volume, offering a generous room height. The remaining central space is elevated on a wooden base and functions as both a circulation and living/dining area. Two of the boxes are split into two levels, offering additional retreats accessible via ladders.

Architekten: mA-style architects
Grundstücksfläche: 266,24 m²
Geschossfläche: 82,81 m²
Anzahl der Nutzer: 4
Konstruktion: Holz

Architects: mA-style architects
Plot area: 266.24 m²
Gross floor area: 82.81 m²
Number of residents: 4
Construction: Timber

Light Walls House in Toyokawa

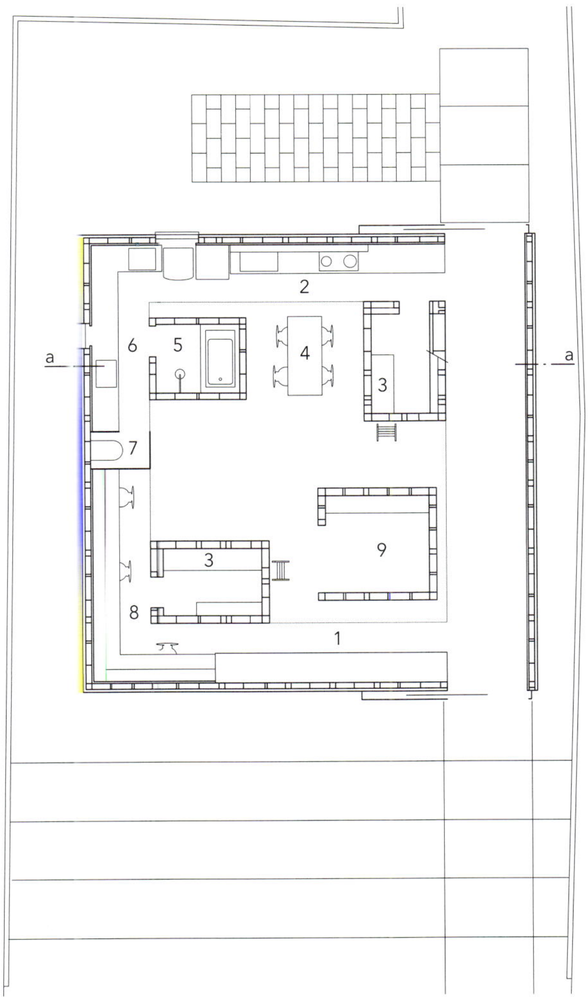

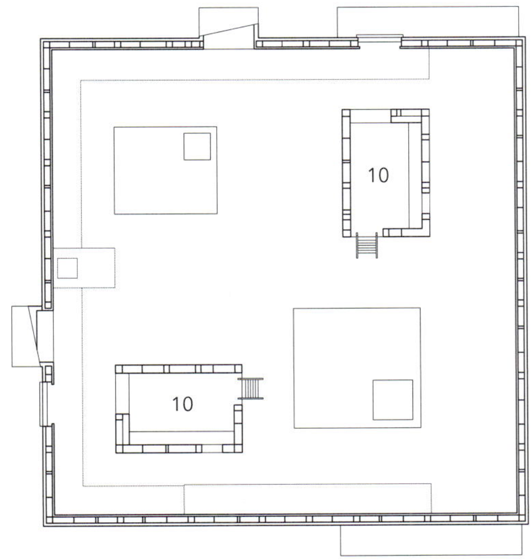

Grundrisse • Schnitt
Maßstab 1:200

1 Eingang
2 Küche
3 Abstellraum
4 Essen
5 Bad
6 Waschbereich
7 Toilette
8 Arbeiten
9 Schlafen
10 Loft

Floor plans • Section
Scale 1:200

1 Entrance
2 Kitchen
3 Storage
4 Dining
5 Bathroom
6 Wash area
7 Toilet
8 Study
9 Bedroom
10 Loft

Freistehende Boxen mit unterschiedlichen Höhen bilden Rückzugsorte.

Freestanding boxes at differing heights form retreats.

Light Walls House in Toyokawa

Generationen im Raster
Generations Living in a grid

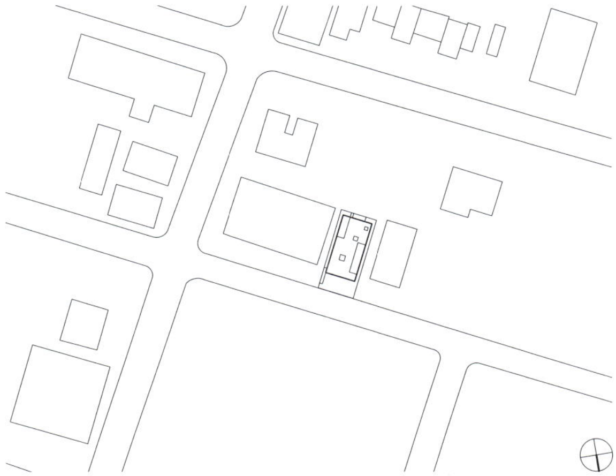

Lageplan
Maßstab 1:2000

Site plan
scale 1:2000

Der zweigeschossige Holzständerbau soll das familiäre Miteinander zweier Generationen fördern und gleichzeitig Möglichkeiten des Rückzugs bieten. Die obere sowie ein Drittel der unteren Etage sind für eine junge Familie mit Kindern bestimmt. Der Rest des Erdgeschosses bietet Platz für die Älteren. Deren Wohnraum schließt einsehbar an das gemeinsame, offene Foyer an. Von dort aus gelangt die junge Familie in ihren Bereich, den raumhohe Einbaumöbel und der Treppenkern abgetrennen. Die an die gemeinsame Terrasse grenzenden Wohn- und Essbereiche lassen sich durch Schiebewände abtrennen oder verbinden. Das Haus ist auf einem Raster von 8 × 4 Tsubo aufgebaut. Das traditionelle Maß von etwa 3,3 m² entspricht der Fläche von zwei Tatamimatten. Das stützenfreie Obergeschoss ist mit einem Gitter aus halbhohen Wänden und tiefergezogenen Deckenunterzügen unterteilt. So entsteht ein offener Raum, mit erkennbaren Zimmern, innerhalb derer Privatsphäre möglich ist, sobald man sich setzt oder hinlegt.

This two-storey timber stud construction is intended to foster the family life of multiple generations, while at the same time offering options for privacy. The upper level and one third of the lower level are reserved for a young family with children. Space for the older generation is provided on the remaining ground floor. Their living area adjoins – and is visible from – a shared, open foyer. The young family passes through this foyer to reach their allocated space, demarcated by floor-to-ceiling built-in furniture and the stair core.
Living and dining areas adjacent to a shared terrace can be separated or linked by means of sliding wall partitions. The layout of the house is based on a grid of 8 × 4 tsubo. A tsubo is a traditional measure corresponding to two tatami mats, one of which is approximately 3.3 m². The column-free upper level is subdivided by means of half-height walls and visible ceiling joists extending downwards. This creates an open space with recognisable spatial separation, and optional privacy when sitting or lying down.

Architekten: Katsutoshi Sasaki + Associates
Grundstücksfläche: 176,47 m²
Geschossfläche: 149,05 m²
Anzahl der Nutzer: 7
Konstruktion: Holz

Architects: Katsutoshi Sasaki + Associates
Plot area: 176.47 m²
Gross floor area: 149.05 m²
Number of residents: 7
Construction: Timber

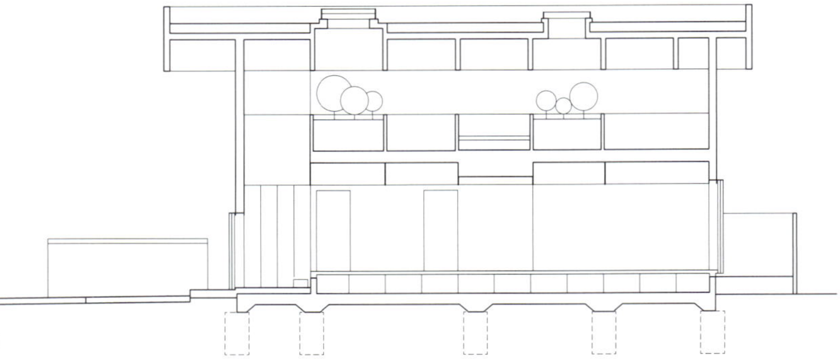

aa

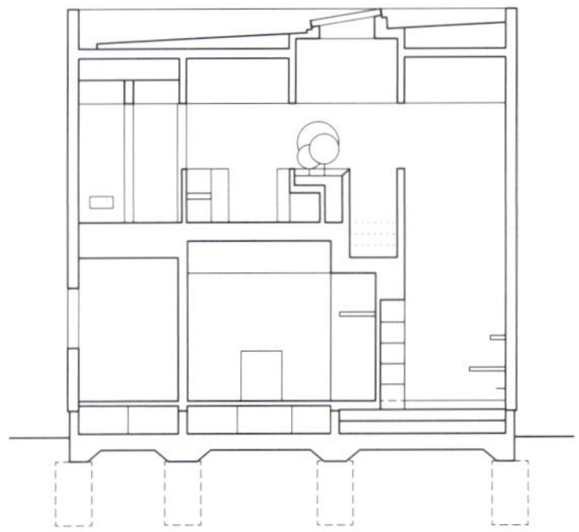

bb

Schnitte • Grundrisse
Maßstab 1:200

1 Parkplatz
2 gemeinsames Foyer
3 Kochen
4 Wohnen
5 Schlafen
6 Luftraum
7 Terrasse

Sections • Floor plans
Scale 1:200

1 Parking space
2 Shared foyer
3 Cooking
4 Living
5 Sleeping
6 Void
7 Terrace

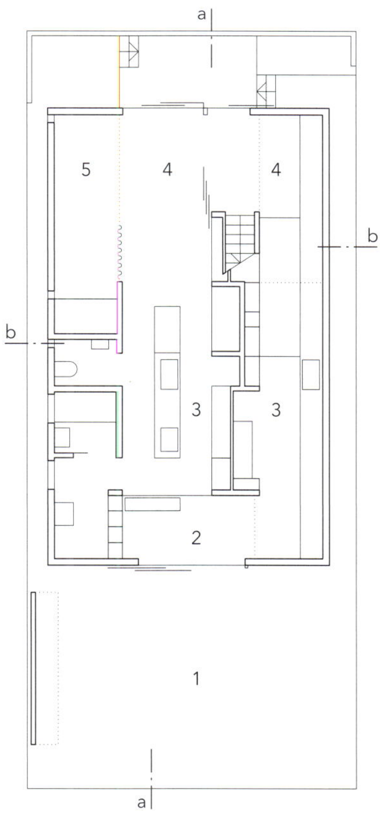

Erdgeschoss
Ground floor

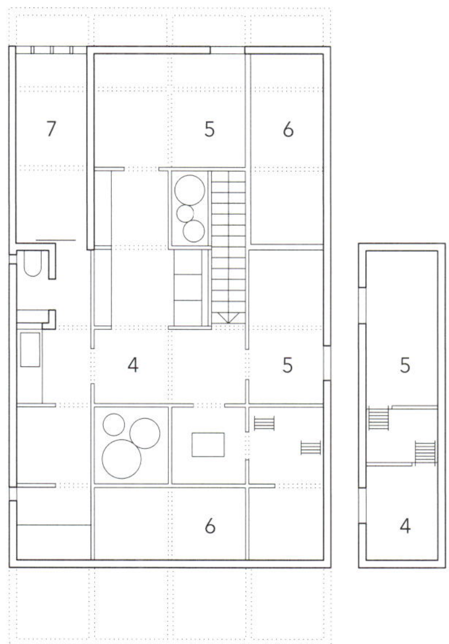

1./2. Obergeschoss
1st/2nd floor

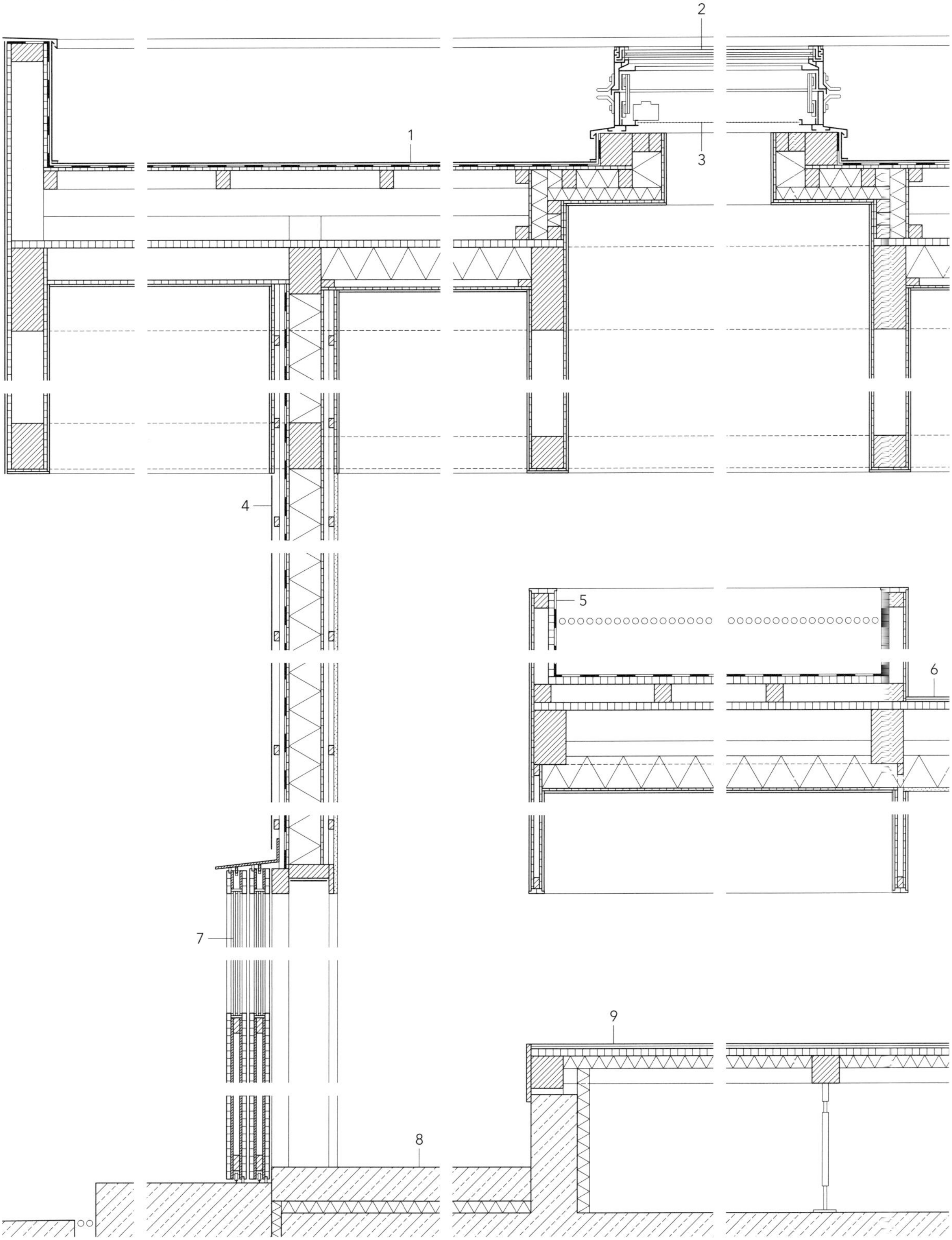
2
1
3
4
5
6
7
9
8

Schnitt Maßstab 1:20

1 Stahlblech verzinkt 0,4 mm Kunststoffbahn 1 mm Sperrholzplatte 9 mm Lattung 60/45 mm, Kantholz Pinie 90/90 mm 5 % im Gefälle Sperrholzplatte 20 mm Wärmedämmung PUR 100 mm Sperrholzplatte 9 mm Furniersperrholzplatte geölt 5 mm
2 Oberlicht elektrisch öffenbar: Float 10 + SZR 6 + Float 6 mm in Rahmen Aluminium
3 Metallgewebe
4 Stahlblech verzinkt pulverbeschichtet Lattung 2× 18/30 mm, Windpapier Sperrholzplatte 9 mm, Holzständer/-riegel Pinie 105/240 mm dazw. Glaswolle, Sperrholzplatte 9 mm Lattung 2× 18/30 mm Gipskartonplatte 12,5 mm
5 Dichtungsfolie fiberglasverstärkt Sperrholzplatte 9 mm
6 Dielenboden geölt weiß pigmentiert 15 mm, Sperrholzplatte 24 mm Kantholz Pinie 90/90 mm Glaswolle 100 mm Gipskartonplatte 12,5 mm
7 Schiebetür ESG 10 + SZR 12 + ESG 10 mm in Rahmen Zeder
8 Stahlbeton geglättet 100 mm Wärmedämmung EPS 40 mm Bodenplatte Stahlbeton
9 Dielenboden geölt weiß pigmentiert 15 mm, Sperrholzplatte 24 mm Wärmedämmung EPS 40 mm Holzrost aus Kantholz Pinie 90/90 mm aufgeständert

Section scale 1:20

1 0.4 mm sheet steel, galvanised; 1 mm synthetic seal; 9 mm plyw. 60/45 mm battens 90/90 mm pine beam, 5 % slope 20 mm plywood; 100 mm PUR thermal ins.; 9 mm plywood 5 mm veneer plywood, oiled
2 skylight, electrically operable:10 mm float + 6 mm cavity + 6 mm float in aluminium frame
3 mesh
4 0.4 mm sheet steel, galvanised, powder-coated 2× 18/30 mm battens house wrap; 9 mm plywood glasswool between 105/240 mm pine studs 9 mm plywood 2× 18/30 mm battens 12.5 plasterboard
5 sealing membrane, glass-fibre reinf. 9 mm plywood
6 15 mm wood planks, oiled,white pigment; 24 mm plywood 90/90 mm pine squared timber 100 mm glasswool 12.5 mm plasterboard
7 sliding glass door: 10 mm toughened glass + 12 mm cavity + 10 mm in cedar frame
8 100 mm reinforced concr., trowelled 40 mm EPS; reinforced concr. slab
9 15 mm wood planks, oiled, white pigment; 24 mm plywood 40 mm EPS; wood grating of 90/90 mm pine squared timber on supports

Im Kern modern

Modern Interior

Wohnhaus in Kamisawa, Hyogo, Kobe

Lageplan
Maßstab 1:1000

Site plan
Scale 1:1000

Ursprünglich war das traditionelle, eingeschossige japanische Holzhaus mit einer Fläche von etwa 87 m² in sechs Zimmer aufgeteilt. Zu viele Räume für die neuen Besitzer des Hauses, ein junges Paar. Der Architekt Yo Shimada entkernte das Haus und legte die hölzerne Tragstruktur komplett frei. Alle Türen, Fensteröffnungen und der Eingangsbereich blieben unverändert. Von Außen ist lediglich die Fassadenbekleidung aus geflammten Zedernschindeln und neue große Verglasung mit Schiebetüren an der Südseite zur Terrasse bzw. zum Garten als neu ersichtlich. Im Inneren zeigt sich jedoch die radikale Renovierung: Eine sanft geschwungene Wand aus Stahlprofilen verkleidet mit Sperrholzplatten an der Ostseite des Gebäudes trennt das Schlafzimmer und das Ankleidezimmer ab. Die Decke über dem Schlafzimmer lässt sich über eine Leiter erreichen und den Raum unterhalb des Dachs nutzen. Wie runde, ebenfalls mit Sperrholz verkleidete Inseln stellte der Architekt das Bad und ein Gästezimmer in den ansonsten offenen Grundriss. Auch die Küchenzeile steht frei im Raum.

Architekten: Tato Architects (Yo Shimada)
Grundstücksfläche: 223,33 m²
Geschossfläche: 86,57 m²
Anzahl der Nutzer: 2
Konstruktion: Holz

House in Kamisawa, Hyogo, Kobe

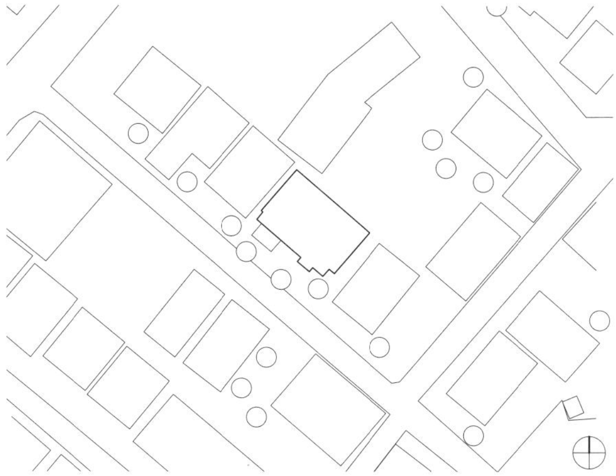

This traditional Japanese wooden single-storey house, with an area of about 87 m², was originally divided into six rooms. These were too many for the young couple who now own the house. The architect Yo Shimada gutted the house, completely stripping out the wooden loadbearing structure. But all doors, window openings and the entrance area remained unchanged. The only elements identifiable as new from the outside are the burnt cedar shingles covering the façade, and a large glazed area with sliding doors to the south facing the terrace and garden. Radical renovation measures are however visible inside: a gently curved, steel-profiled wall clad with plywood panels in the east of the building separates the bedroom as well as the dressing room. The ceiling above the bedroom can be accessed via a ladder allowing utilisation of the space under the roof. Guest room and bathroom are inside round, plywood clad islands in an otherwise open layout. The kitchen units are also positioned freely in the space.

Architects: Tato Architects (Yo Shimada)
Plot area: 223.33 m²
Gross floor area: 86.57 m²
Number of residents: 2
Construction: Timber

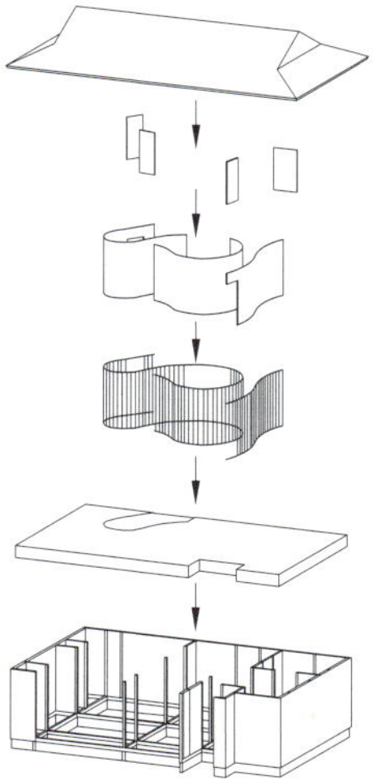

Explosionszeichnung
neue Elemente

1 Ziegeldach
2 Türen
3 Sperrholz Lauan
4 Stahlprofile 25 × 25 mm
5 Estrich

Expanded view
new elements

1 Tiled roof
2 Doors
3 Lauan plywood
4 25 × 25 square steel structure
5 Screed

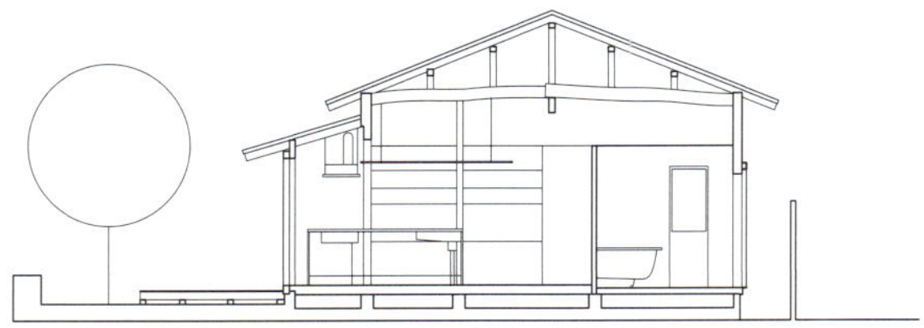

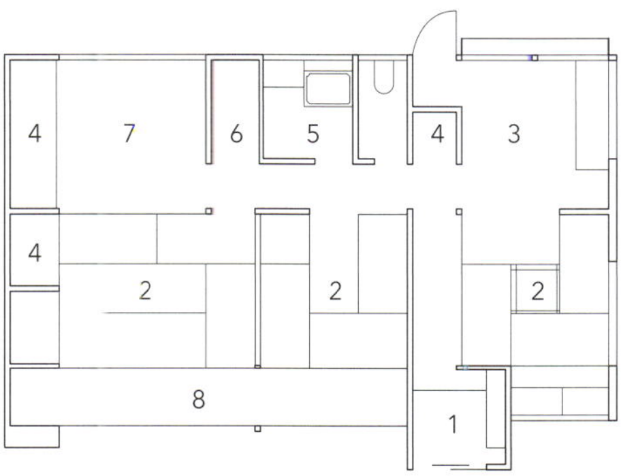

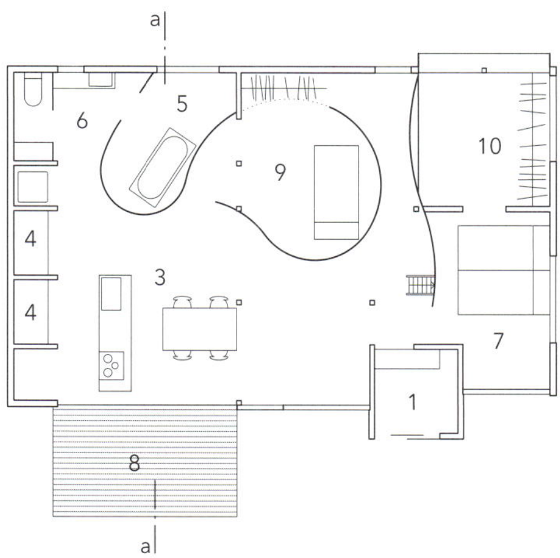

Schnitt
Grundriss vorher • nachher
Maßstab 1:200

1 Eingang
2 Zimmer
3 Koch- und Essbereich
4 Abstellraum
5 Bad
6 Waschbereich
7 Schlafen
8 Terrasse
9 Gästezimmer
10 Ankleidezimmer

Section
Floor plan before • after
Scale 1:200

1 Entrance
2 Room
3 Dining
4 Storage
5 Bathroom
6 Washroom
7 Bedroom
8 Terrace
9 Guestroom
10 Dressing room

Tanz aus der Reihe
Odd One Out

Wohnhaus am Komazawa Park in Tokio

House at Komazawa Park in Tokyo

Das 30 Jahre alte zweigeschossige Einfamilienhaus war eines von vielen ähnlichen Fertighäusern in einer reinen Wohngegend Tokios. Statt es abzureißen und das Grundstück neu zu bebauen, entkernten die beiden jungen Architekten das Haus zum Teil, behielten die ursprüngliche Holztragstruktur jedoch bei. Sie »trennten« das bestehende Volumen optisch und konstruktiv in zwei Teile und ergänzten es auf einer Seite um einen Anbau. Da das Nachbargrundstück vermutlich irgendwann ebenfalls bebaut und das Haus verschattet wird, dienen die »Fugen« zwischen den drei Bauteilen als luftige, hohe, verglaste, helle Bereiche. Da die Trennwände im Erdgeschoss entfernt wurden und der Wohnbereich im mittleren Gebäudeteil sich über beide Geschosse zieht, herrscht nun ein völlig neues, großzügiges Raumgefühl im Inneren. Obwohl das Wohnhaus im Zuge der Renovierung erweitert wurde und den Bewohnern nun viel mehr Platz zur Verfügung steht, wirkt es jetzt dennoch viel kleinteiliger und setzt zudem ein Zeichen, wie man mit Bestandshäusern umgehen kann, ohne sie abzureißen.

This 30-year-old, two-storey single-family house is one of many similar prefabricated houses in a solely residential area of Tokyo. Instead of tearing it down and replacing it, the two young architects partially gutted the house, while retaining the original timber loadbearing structure. They "split" the existing volume into two parts and supplemented it with an extension on one side. Since it is expected that the neighbouring plot will also be built on one day and cast shade onto the house, the "joints" between the three building components serve as high, glazed, light and airy spaces. A completely new sense of spaciousness is achieved by the removal of the partition walls on the ground floor and the opening up of the living area in the central building section across both storeys. The house has been enlarged in the course of the renovation and the space available to the occupants has been increased considerably. The division into smaller sections has, however, led to a more segmented appearance from the outside, as well as setting an example of how to deal with existing buildings without tearing them down.

Architekten: miCo. (Mizuki Imamura, Isao Shinohara)
Grundstücksfläche: 96,37 m²
Geschossfläche: 72,14 m²
Anzahl der Nutzer: 4
Konstruktion: Holz

Architects: miCo. (Mizuki Imamura, Isao Shinohara)
Plot area: 96.37 m²
Gross floor area: 72.14 m²
Number of residents: 4
Construction: Timber

Schnitte • Grundrisse
Maßstab 1:200

1 Wohnen
2 Essen
3 Küche
4 Bad
5 Schlafen
6 Galerie
7 Luftraum

Sections • Floor plans
Scale 1:200

1 Living room
2 Dining room
3 Kitchen
4 Bathroom
5 Bedroom
6 Gallery
7 Void

Wohnhaus am Komazawa Park in Tokio

House at Komazawa Park in Tokyo

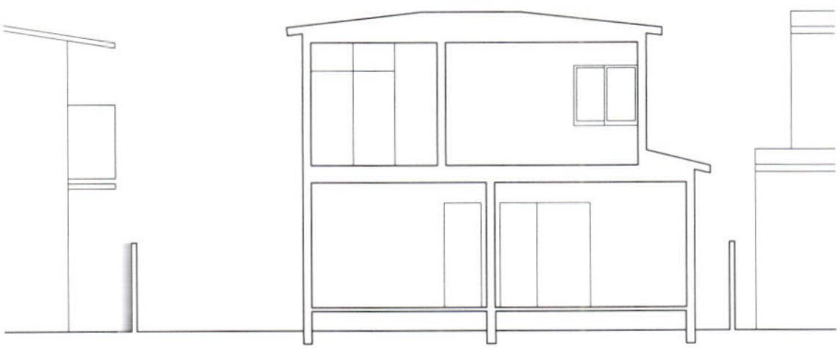

aa

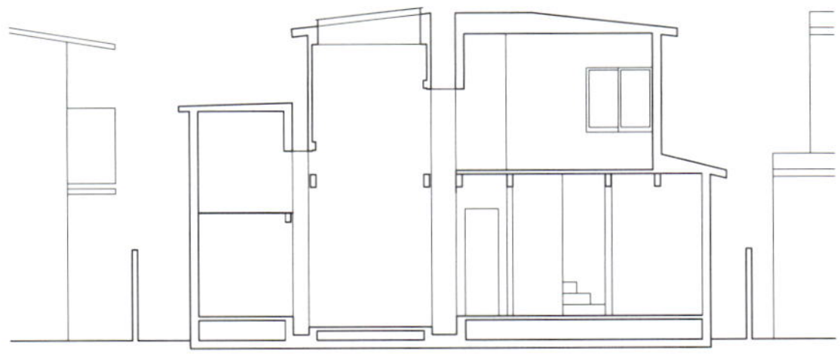

bb

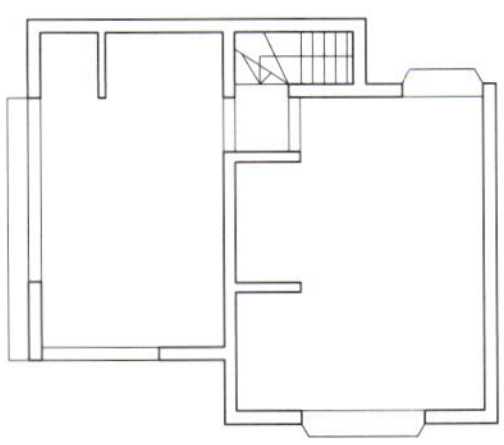

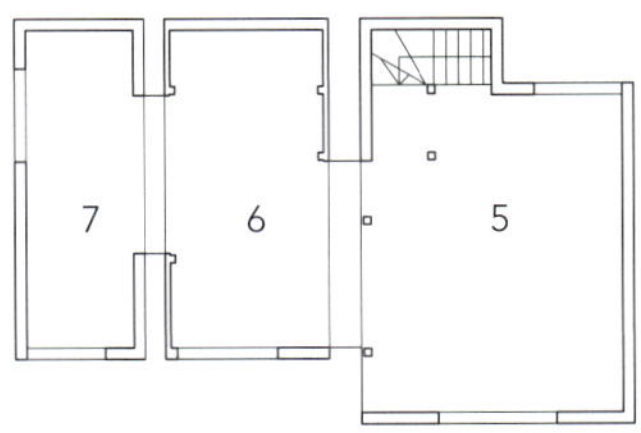

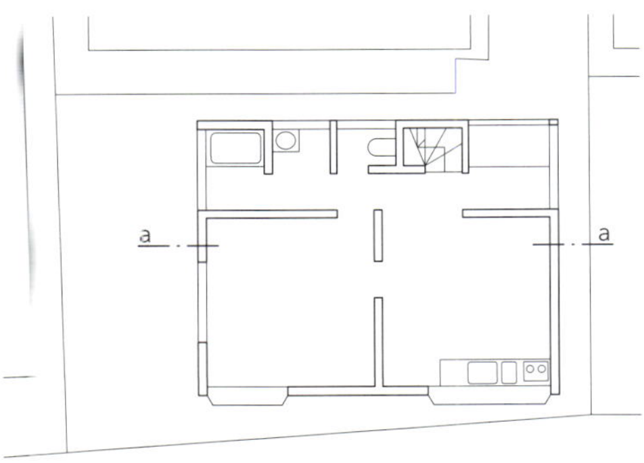

Vorher • Before

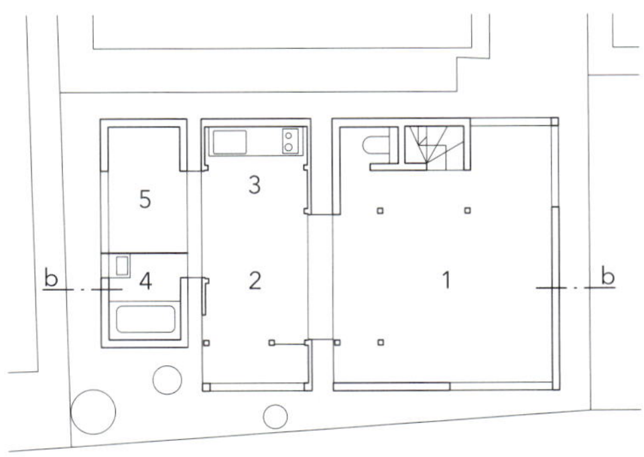

Nachher • After

Schnitt
Maßstab 1:50

Section
Scale 1:50

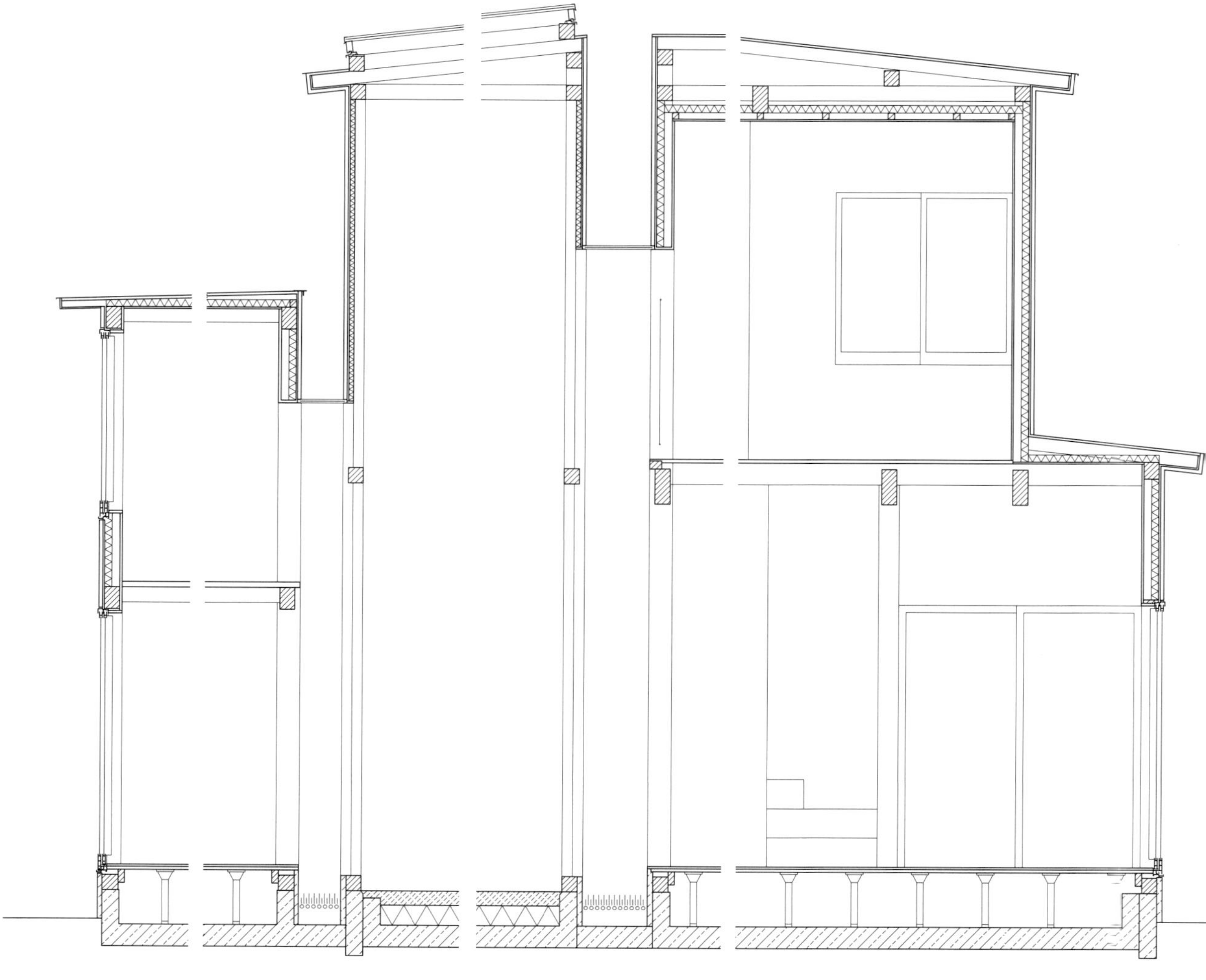

Laterne im Wald

Lantern in the Forest

Das filigrane Wochenendhaus steht mitten in einem Waldgrundstück, etwa zwei Autostunden von Tokio entfernt. Das Gelände ließ sich wegen angrenzender Straßen und steiler Hanglage nicht verkaufen, erst durch die Bebauung mit dem gläsernen Miniturm des jungen Architekturbüros TNA fanden sich in kürzester Zeit Interessenten. Auf drei Ebenen lässt sich nun der 360°-Panoramablick auf die umgebenden Bäume genießen. Das Haus scheint ohne vertikale Elemente auszukommen, auch die Geschosse sind von außen nicht ablesbar. Ob Küchenzeile, Treppenpodest, Geschossdecke oder Holzofen, alles versteckt sich hinter den 28 bis 125 cm hohen Brettschichtholzbändern, die biegesteif mit den schlanken, über 10 m hohen Stützen verschraubt sind. Die vorgefertigte Vierendeelkonstruktion der Fassade benötigt besonders steife Verbindungen, um auf Diagonalen verzichten zu können. Im teilweise eingegrabenen Erdgeschoss sind die Stützen mit dem massiven Sockel verschraubt. Die dunkle Schalung aus geflammtem Zedernholz steht im Kontrast zu den gläsernen rahmenlosen Bändern.

This ethereal weekend house is located in the middle of a forest, about two hours by car from Tokyo. It was not possible to sell the plot because of the adjoining roads and steep incline of the ground. Interest was, however, quickly aroused once the young architecture office TNA built this glazed mini-tower on the site. A 360° panoramic view of the surrounding woodland can be enjoyed from three levels. The building appears to manage completely without vertical elements; indeed, not even the individual storeys are legible from the outside. Kitchen units, stair landing, floor slab or wood-fired oven – everything is concealed behind glulam strips varying between 28 and 125 cm in width, which are screwed to the slender structural columns that are over 10 m in height. To avoid the use of diagonal members, particularly stiff connections were necessary for the prefabricated Vierendeel facade construction. The columns are screwed to the solid base of the partly subterranean ground floor. Dark boarding made of burnt cedar contrasts with the frameless ribbon windows.

Architekten: Makoto Takei & Chie Nabeshima / TNA
Grundstücksfläche: 1387,27 m²
Geschossfläche: 101,61 m²
Anzahl der Nutzer: 4
Konstruktion: Holz

Architects: Makoto Takei & Chie Nabeshima / TNA
Plot area: 1387.27 m²
Gross floor area: 101.61 m²
Number of residents: 4
Construction: Timber

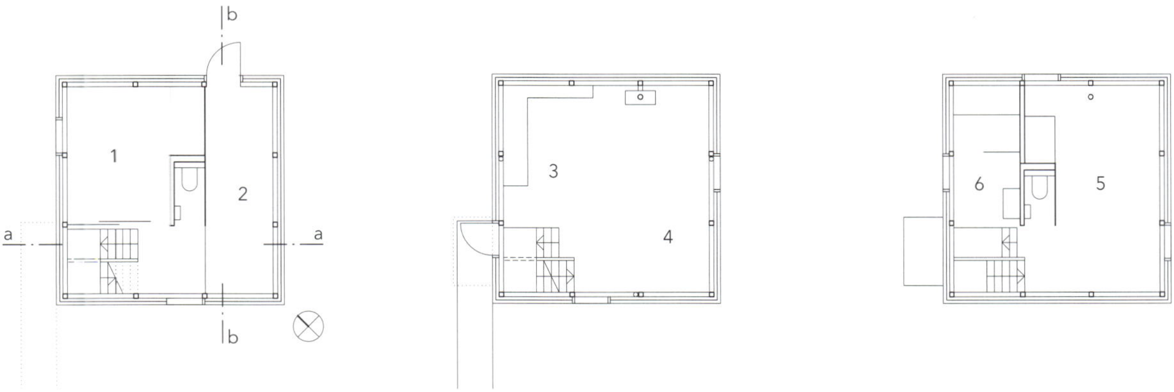

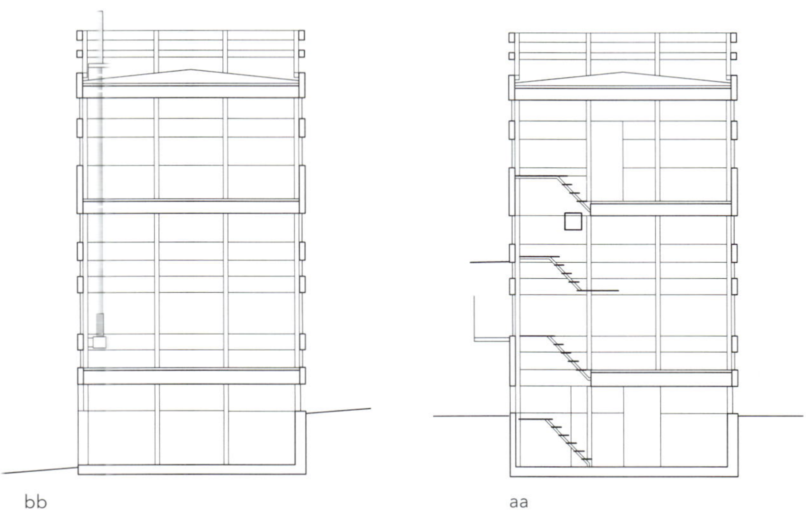

Grundrisse • Schnitte
Maßstab 1:200

1 Gästezimmer
2 Vestibül
3 Essbereich / Küche
4 Wohnen
5 Schlafen
6 Bad

Floor plans • Sections
Scale 1:200

1 Guest room
2 Vestibule
3 Kitchen / Dining area
4 Living room
5 Bedroom
6 Bathroom

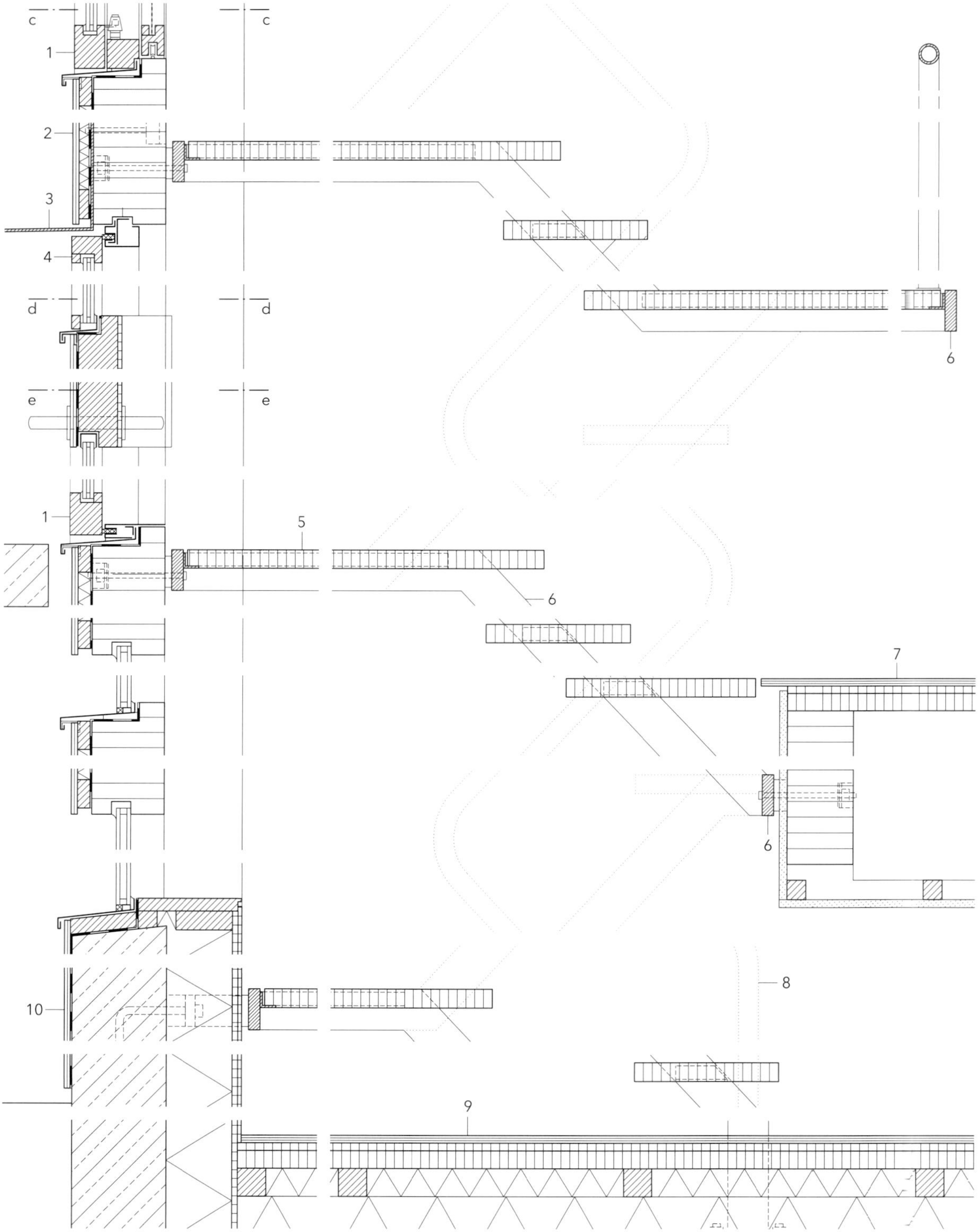
c
c
1
2
3
4
d
d
6
e
e
1
5
6
7
6
8
10
9

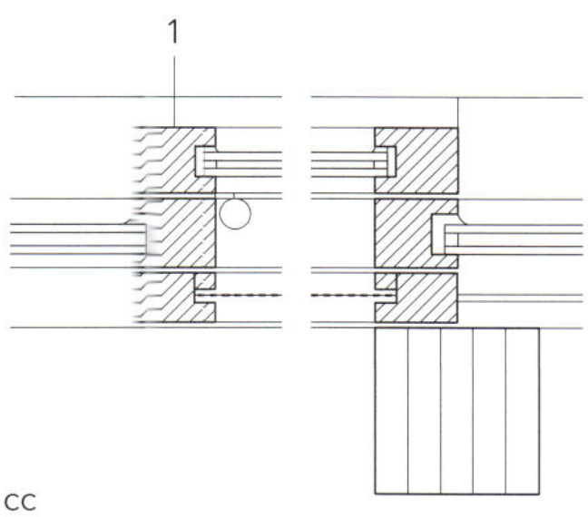

cc

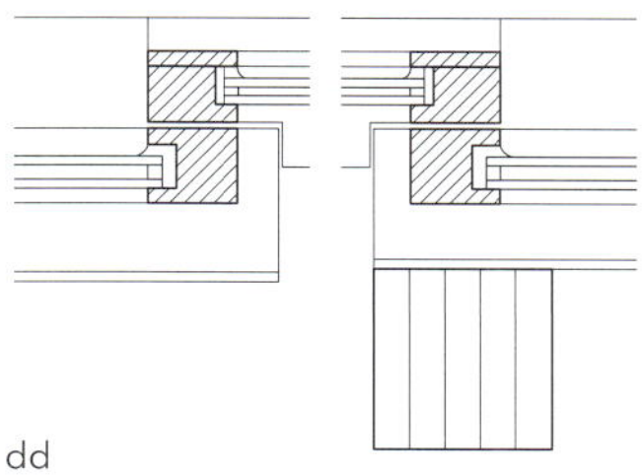

dd

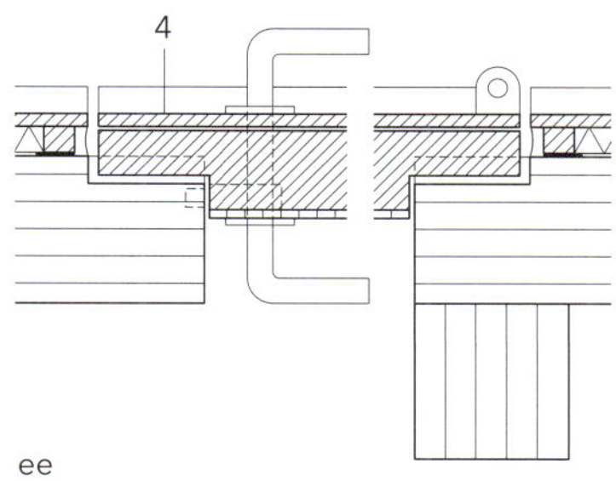

ee

Vertikalschnitt
Horizontalschnitte
Maßstab 1:10

1 Fensterrahmen Zypresse 50 mm
Isolierverglasung ESG 8 mm + SZR 12 mm + ESG 8 mm
Rahmen Zypresse 36 mm mit Insektenschutznetz
2 Schalung Zeder gebrannt, imprägniert 10 mm
Hartschaumdämmung 20 mm
Dichtungsbahn Kunststoff
BSH Kiefer 115/1250 mm
3 Vordach Stahlblech lackiert 3 mm
4 Eingangstür:
Rahmen Zypresse 50 mm
Isolierverglasung ESG 8 mm + SZR 12 mm + ESG 8 mm
5 Stufe Pressspanplatte furniert mit Birke 30 mm seitlich befestigt mit Stahlprofil ∟ 25/25 mm
6 Treppenwange Flachstahl ▭ 19/65 mm
7 Parkett Birke 12 mm
Sperrholz 12 mm + 28 mm
BSH Kiefer 105/300 mm
Lattung 30/30 mm
Gipskarton 12,5 mm
8 Geländer Stahlrohr ∅ 32 mm
9 Parkett Birke 12 mm
Sperrholz 12 mm + 28 mm
Kantholz Kiefer 45/45 + 90/90 mm dazwischen Wärmedämmung
Stahlbeton 250 mm
10 Schalung Zeder gebrannt, imprägniert,
Dichtungsbahn,
Stahlbeton 150 mm
Dämmung Polyurethan 105 mm
Sperrholz 9 + 6 mm

Vertical section
Horizontal sections
Scale 1:10

1 50 mm cypress window frame with double glazing: 2× 8 mm toughened glass + 12 mm cavity
36 mm cypress frame with insect screen
2 10 mm cedar boarding, burned and impregnated
20 mm rigid-foam insulation
plastic waterproof layer
115/1250 mm laminated pine unit
3 3 mm sheet-steel canopy, painted
4 entrance door:
50 mm cypress frame
double glazing: 2× 8 mm toughened glass + 12 mm cavity
5 30 mm birch-veneered chipboard landing/tread fixed at side with 25/25 mm steel angle
6 19/65 mm steel-flat staircase string
7 12 mm birch parquet
12 + 28 mm plywood
105/300 mm lam. pine joists
30/30 mm battens
12.5 mm plasterboard
8 ∅ 32 mm tubular steel handrail
9 12 mm birch parquet
12 + 28 mm plywood
thermal insulation between 45/45 mm pine battens and 90/90 mm pine bearers
250 mm concrete floor slab
10 cedar boarding, burned and impregnated;
waterproof layer
150 mm reinforced concrete plinth
105 mm polyurethane insulation
9 + 6 mm plywood

Durchscheinend umhüllt
Transparent Envelope

In Zusammenarbeit mit dem Institut für Umwelttechnologie in Japan entwickelten die Architekten ein prototypisches Experimentalhaus als Studie für umweltverträgliche, zukunftsfähige Architektur. Bei der Planung bezogen sie sich auf die traditionellen erdverbundenen Wohnhäuser der Ainu, der Ureinwohner Nordjapans. Diese waren an Dach und Wand mit einer wärmedämmenden Schicht aus Ried- oder Bambusgräsern bekleidet.
Die tragende Struktur des Hauses mit einer Grundfläche von fast 80 m² besteht aus einem Lärchenholzskelett. Außen ist es mit einer diffusionsoffenen Kunststoffmembran umhüllt und innen vollständig mit einem abnehmbaren, aus PET-Flaschen recyceltem Glasfasergewebe bekleidet. Im Zwischenraum befindet sich eine transparente Polyesterfaserdämmung. Die Konvektion der Luft im Membranzwischenraum soll zu einem angenehmen Klima im Innenraum beitragen. Ein weiterer Grund für die Wahl der Membranhülle ist die Vorstellung eines Lebens im natürlichen Rhythmus: Man erwacht mit Tagesanbruch und kommt mit der Dämmerung zur Ruhe.

In collaboration with the Japanese National Institute for Environmental Studies, the architects developed a prototypical experimental house as a study of environmentally compatible, future-compliant architecture. The design is inspired by the traditional dwellings of the original inhabitants of northern Japan, the Ainu. The roof and walls of these structures, built directly on the ground, were clad with a heat-insulating layer of reed or bamboo grass. A larchwood frame makes up the load-bearing structure of the house, which has a footprint of almost 80 m². A moisture-diffusing synthetic membrane covers the outside, while the interior is clad entirely with a removable fibreglass fabric made of recycled PET bottles. Transparent polyester fibre insulation is located in the cavity space. Air convection in the space between the membranes is designed to contribute to a pleasant indoor climate. The membrane envelope also incorporates the idea of life in a natural rhythm: starting the day at daybreak and ending it at dusk.

Architekten: Kengo Kuma & Associates
Grundstücksfläche: 79,50 m²
Geschossfläche: 79,50 m²
Konstruktion: Holz, Membran

Architects: Kengo Kuma & Associates
Plot area: 79.50 m²
Gross floor area: 79.50 m²
Construction: Timber, fabric

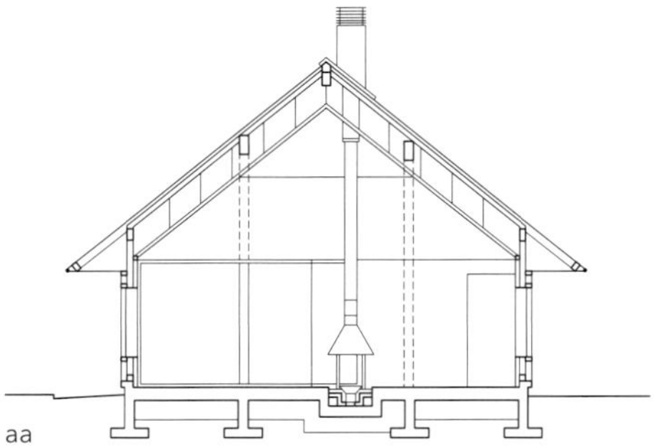

aa

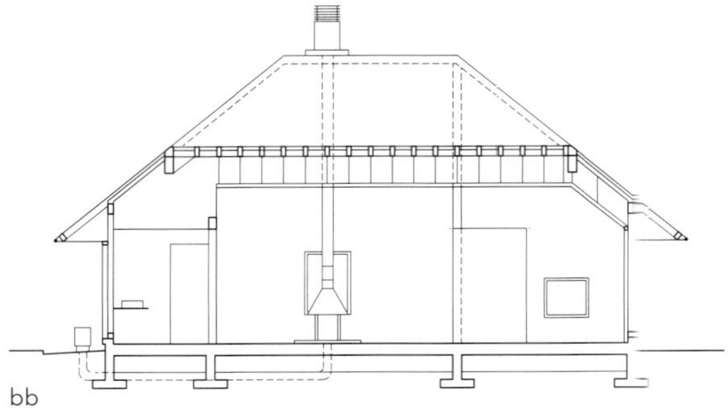

bb

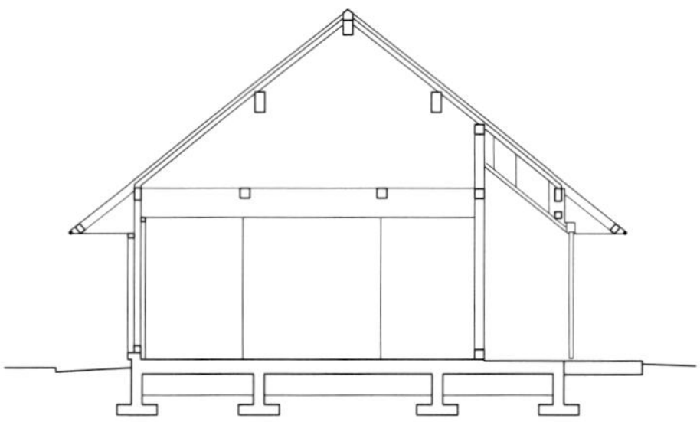

cc

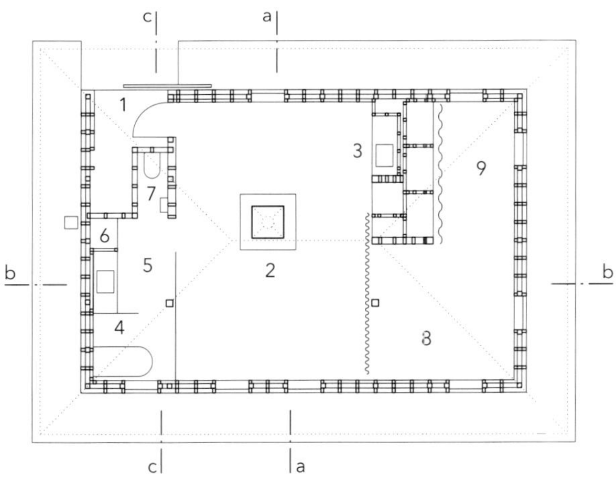

Schnitte • Grundriss
Maßstab 1:200

1 Eingang
2 Wohn- und Speiseraum
3 Küche
4 Bad
5 Ankleideraum
6 Waschmaschinenplatz
7 Toilette
8 Schlafen
9 Arbeiten

Sections • Floor plan
scale 1:200

1 Entrance
2 Living/Dining room
3 Kitchen
4 Bathroom
5 Dressing room
6 Washing machine
7 Toilet
8 Bedroom
9 Study

1 Membran Polyestergewebe fluorcarbonbeschichtet, Sparren Lärche 150/60 mm dazwischen Dämmung Polyesterfaser 100 mm Dampfbremse, Lattung abgehängt ⏥ 30/30 mm Glasfasergewebe mit Klettbandbefestigung
2 Kamin Stahlblech beschichtet 1,2 mm
3 Randprofil aus Stahlrohr ⏥ 125/75/4,5 mm, Stahlrohr ∅ 40/3,5 mm und Stahlblech 6 mm
4 Abstandshalter aus Stahlprofil ⌐ 50/50/4 mm
5 Reisstrohmatte 15 mm, Heizestrich 100 mm Stahlbeton 150 mm, Trennlage, Sauberkeitsschicht Beton 50 mm, Kiesbett 300 mm
6 Natursteinplatte »Sapporro-Stein« 50 mm
7 Leuchtstoffröhre
8 Membran wie bei 1, Luftzwischenraum 100 mm Pfosten Lärche 120/120 mm, dazwischen Dämmung Polyesterfaser transluzent 100 mm Dampfbremse PE-Folie, Lattung 100/30 mm Glasfasergewebe mit Klettbandbefestigung

1 polyester fabric membrane, fluorocarbon-coated 100 mm polyester-fibre thermal insulation between 150/60 mm larch rafters vapour retarder; 30/30 mm battens, suspended glass-fibre fabric with Velcro connection
2 chimney: 1.2 mm steel sheet, coated
3 edge profile: 125/75/4.5 mm steel RHS, ∅ 40/3.5 mm steel CHS and 6 mm sheet steel
4 50/50/4 mm steel-angle spacer
5 15 mm rice straw mat; 100 mm heating screed 150 mm reinforced concrete; separating layer 50 mm concrete subbase; 300 mm gravel bed
6 50 mm Sapporo stone
7 fluorescent tubes
8 polyester fabric membrane, fluorocarbon-coated 100 mm air space; 100 mm translucent polyester-fibre ins. between 120/120 mm larch posts; polythene vapour membrane; 100/30 mm battens glass-fibre fabric with Velcro connection

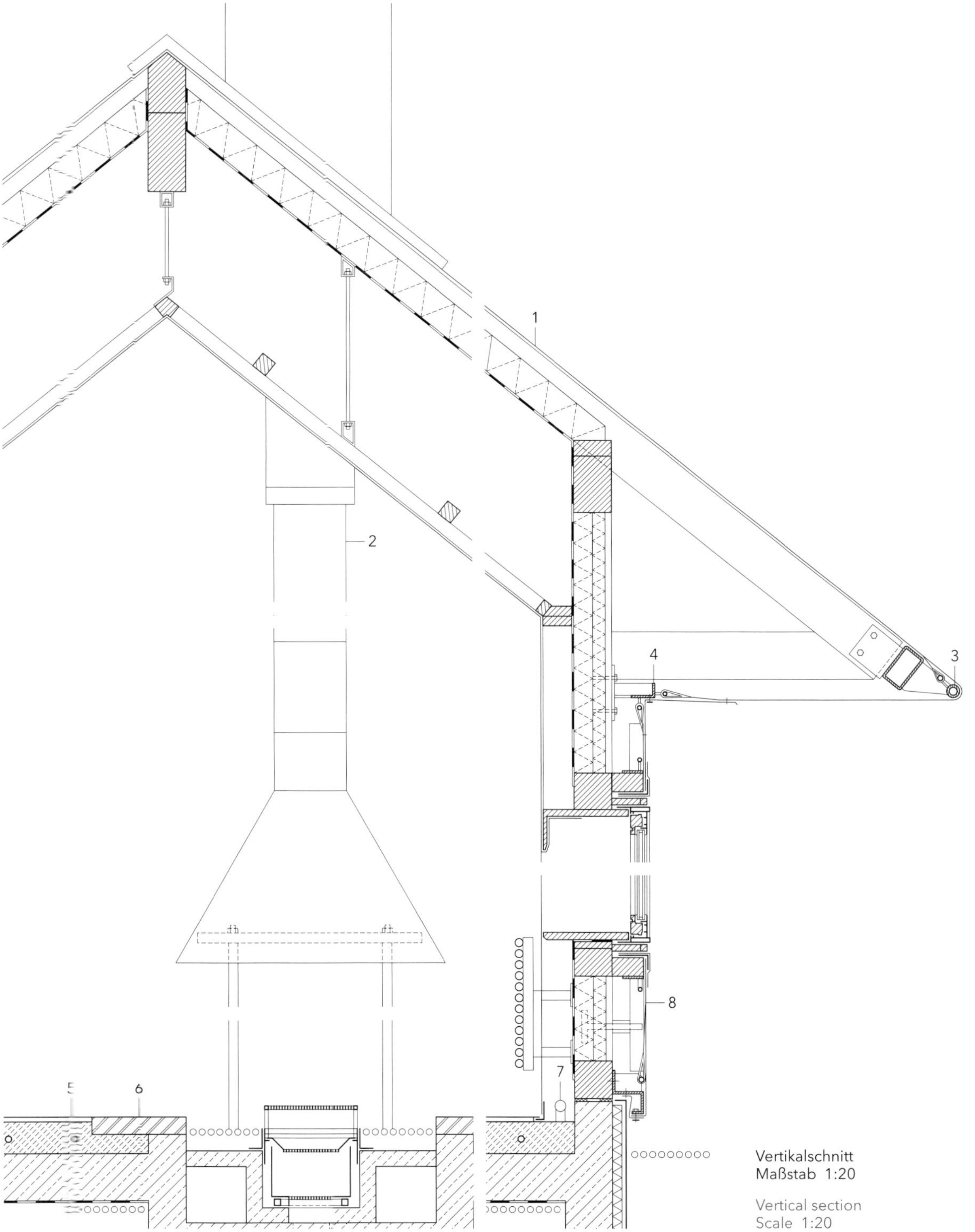

Vertikalschnitt
Maßstab 1:20

Vertical section
Scale 1:20

Singlewohnen mit Freiraum

Single Living with Outdoor Space

In Japan ist es gerade für junge Menschen üblich, in standardisierten, gestapelten und aneinandergereihten Einzimmer-Apartment-Boxen von meist nicht mehr als 20 m² Größe zu wohnen. Für Individualität bleibt da nicht viel Raum. Die Architekten durchbrechen mit ihrem Apartmenthaus dieses starre Muster mit drei verschiedenen Wohnungstypen, die sich um einen zentralen Erschließungskern gruppieren. Auf kleinster Fläche bieten sie den Bewohnern eine hohe Wohnqualität. Im Inneren ist jede Nische optimal als Stauraum genutzt. Ein wichtiger Aspekt ist die Erweiterung des Wohnraums nach außen. Jede Einheit – ob mehrgeschossige Maisonette, L-förmiger oder entlang der Fassade orientierter Grundriss – profitiert von einer großzügigen »Terrasse«. Anders als bei herkömmlichen Loggien liegen diese hinter einer Art zweiten Lochfassade verborgen und sorgen so dafür, dass die Bewohner hier ebenso blick- und witterungsgeschützt leben können wie in der Wohnung selbst.

It is common in Japan, particularly for young people, to live in standardised, stacked and adjoining one-room apartment boxes of not more than 20 m². This leaves little scope for individuality. The architects here break with this rigid pattern by offering three different apartment types grouped around a central circulation core. They offer occupants high-quality dwelling units on a very small area. Every niche inside is optimised as storage space. An important aspect of the project is the extension of living space to the outside. Each unit – whether multi-storey maisonette, L-shaped, or aligned with the facade – benefits from a generous "terrace". In contrast to conventional loggias, these terraces are hidden behind a second, perforated facade, ensuring the same privacy and protection from the weather for occupants outside as well as in.

Architekten: Go Hasegawa and Associates
Grundstücksfläche: 352,22 m²
Geschossfläche: 1054,27 m²
Anzahl der Nutzer: ca. 20
Konstruktion: Stahlbeton

Architects: Go Hasegawa and Associates
Plot area: 352.22 m²
Gross floor area: 1054.27 m²
Number of residents: ca. 20
Construction: Reinforced concrete

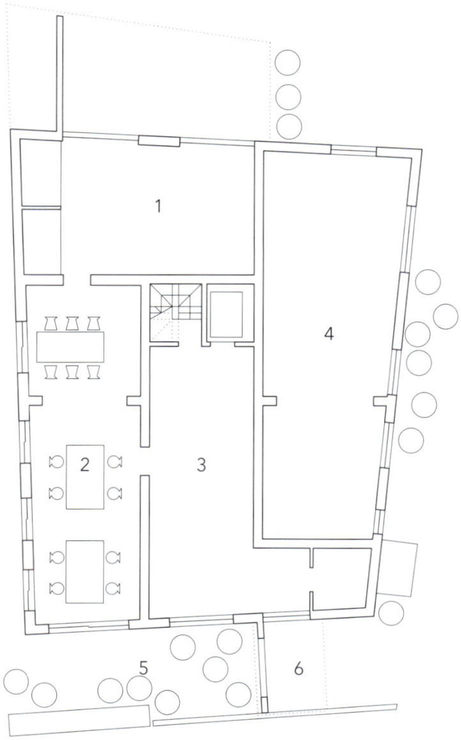

Erdgeschoss • Ground floor

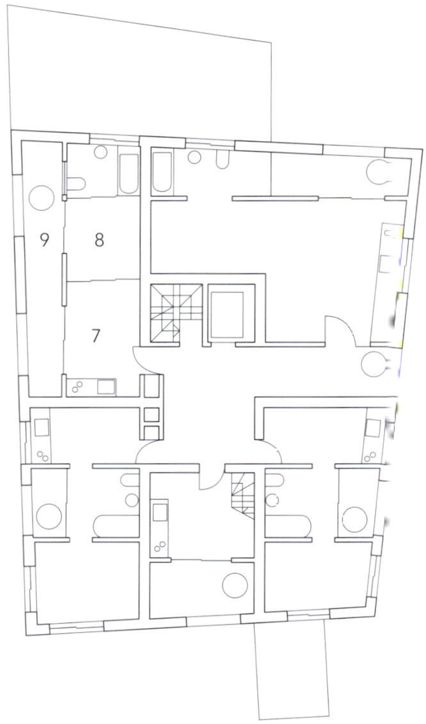

2. Obergeschoss • Second floor

Grundrisse
Maßstab 1:250

1 Garage
2 Büro
3 Eingangshalle
4 Laden
5 Garten
6 Eingang
7 Wohnbereich / Küche
8 Schlafen
9 Loggia

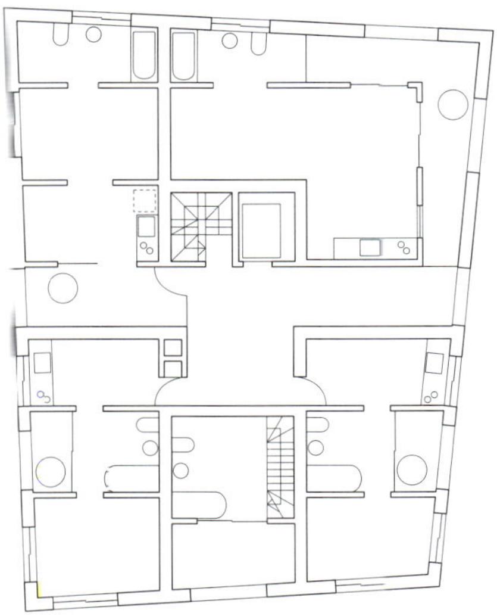

3. Obergeschoss • Third floor

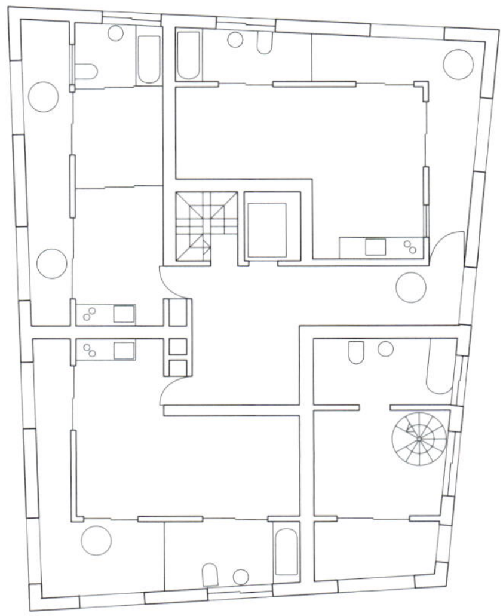

5. Obergeschoss • Fifth floor

Floor plans
scale 1:250

1 Garage
2 Office
3 Hall
4 Shop
5 Garden
6 Entrance
7 Living area / Kitchen
8 Sleeping area
9 Loggia

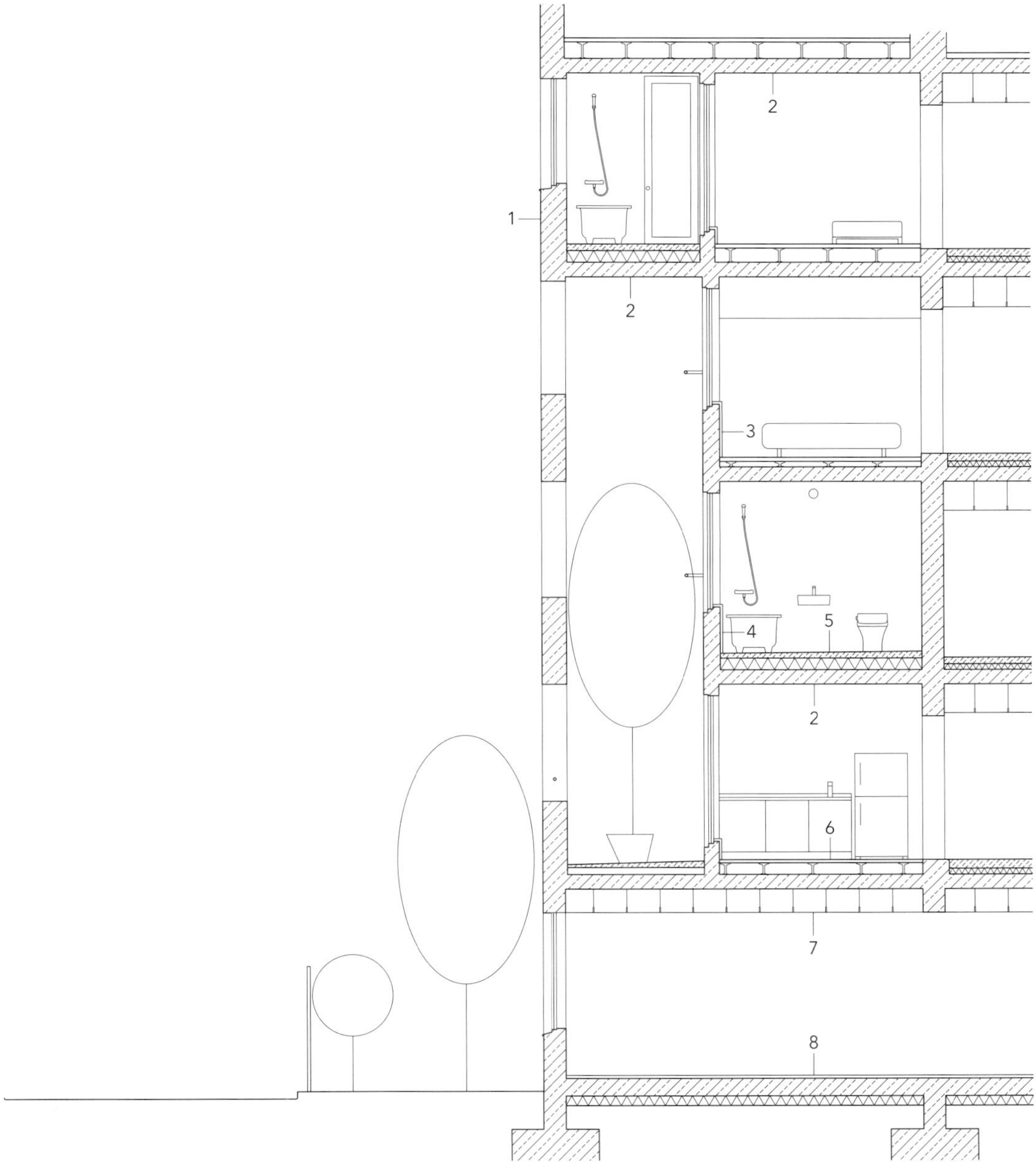

Vertikalschnitt Maßstab 1:100

1 Sichtbeton, Anstrich Dispersionsfarbe photokatalytisch
2 Sichtbeton, Anstrich Polyurethanfarbe
3 Gipskarton 12,5 mm, Anstrich Acrylfarbe
4 Putz 30 mm, Anstrich Polyurethanfarbe
5 Mosaikfliesen 10 mm
6 Parkett Kirsche 12 mm (gestrichen)
7 Gipskarton 9 mm, Anstrich Acrylfarbe
8 Fliesen 10 mm

Vertical section Scale 1:100

1 Exposed concrete, photocatalyst paint
2 Exposed concrete, polyurethane paint
3 12.5 mm Plasterboard, acrylic emulsion paint
4 30 mm mortar, polyurethane paint
5 10 mm Mosaic tiles
6 12 mm cherrywood flooring (painted)
7 9 mm Plasterboard, acrylic emulsion paint
8 10 mm Tile

Wohnen in alle Richtungen

Open in all Directions

Egota house B in Nakano, Tokio

Das Projekt Egota house B ist der zweite von insgesamt vier Bauabschnitten auf einem Grundstück in Tokios Stadtteil Nakano. Das viergeschossige Mehrfamilienhaus, das überwiegend junge Familien mit Kindern bewohnen, beinhaltet insgesamt fünf Einheiten. Vier davon sind zweigeschossige Maisonettewohnungen, die sich kreuzweise räumlich miteinander verzahnen und ein Mehrfamilienhaus in Form von versetzt gestapelten Reihenhäusern bilden. Dank dieser besonderen Anordnung erhält jede Einheit Fenster in drei oder sogar alle vier Himmelsrichtungen. Jede der 2- bis 3-Zimmerwohnungen wird von außen über eine eigene Treppe und eine Terrasse beziehungsweise eine geschützte Loggia erschlossen. Auf diese Weise erlangen die Bewohner ein großes Maß an Unabhängigkeit und das Gefühl in einem eigenen Haus zu wohnen.

Architekten: Atelier and I, Kazunari Sakamoto Architectural Laboratory
Grundstücksfläche: 291,50 m²
Geschossfläche: 338,53 m²
Konstruktion: Stahlbeton

Egota house B in Nakano, Tokyo

Egota house B is the second of four construction phases on a building site in Tokyo's Nakano district. The four-storey multi-family house, primarily occupied by young families with children, is composed of five units. Four of these are two-storey maisonette apartments, spatially engaged with each other in a lateral direction to form staggered rows of stacked family dwellings. This special arrangement ensures that every unit has windows in three or even four cardinal directions. Each apartment, with its two or three rooms, is accessed from the outside via designated stairs and a terrace or protected loggia. This gives occupants a greater degree of independence and the feeling of living in their own freestanding house.

Architects: Atelier and I, Kazunari Sakamoto Architectural Laboratory
Plot area: 291.50 m²
Gross floor area: 338.53 m²
Construction: Reinforced concrete

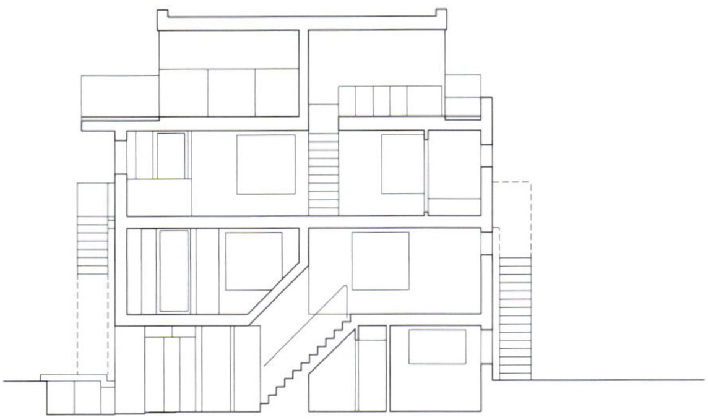

aa

bb

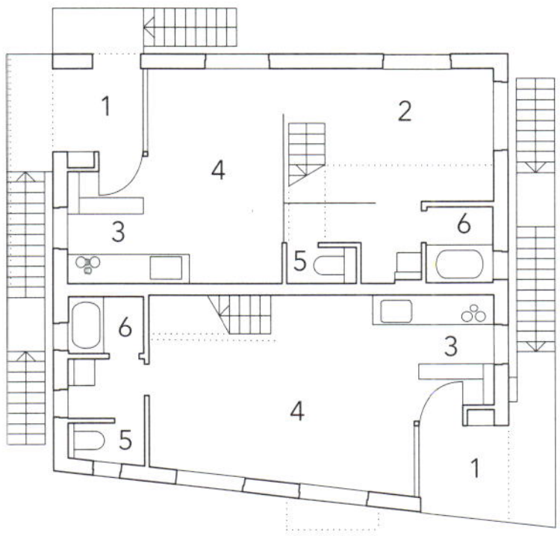

2. Obergeschoss • Second floor

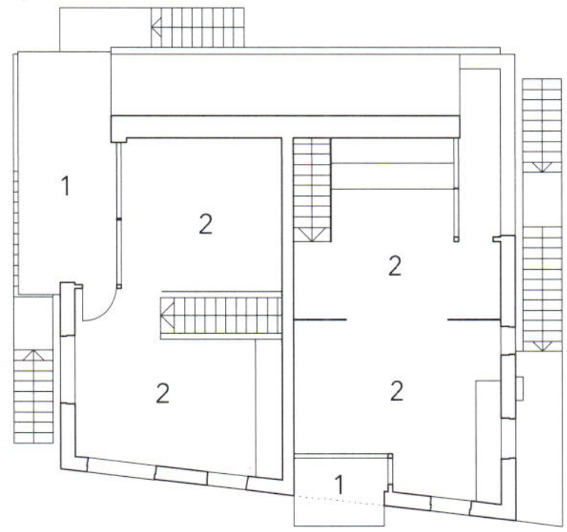

3. Obergeschoss • Third floor

1. Obergeschoss • First floor

Schnitte • Grundrisse
Maßstab 1:250

1 Terrasse
2 Zimmer
3 Küche
4 Wohnen
5 Toilette
6 Bad

Sections • Floor plans
scale 1:250

1 Terrace
2 Room
3 Kitchen
4 Living area
5 Toilet
6 Bathroom

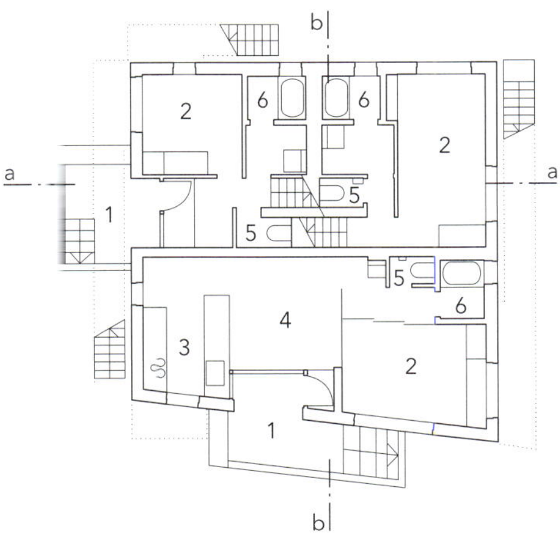

Erdgeschoss • Ground floor

Harte Schale, weicher Kern

Hard Shell, Soft Core

Komplex in Oyamadai, Setagaya, Tokio

Complex in Oyamadai, Setagaya, Tokyo

Lageplan
Maßstab 1:2000

Site plan
Scale 1:2000

Das 2014 fertiggestellte Wohn- und Geschäftsgebäude befindet sich inmitten von Tokios zweitgrößtem Stadtteil Setagaya im Südwesten der Stadt. Die Nähe zum Ausgeh- und Einkaufsviertel Shibuya machen ihn zu einem beliebten Wohnviertel.
Das Untergeschoss des in Stahl konstruierten Gebäudes ist vermietet und beherbergt ein Geschäft sowie Büroräume. Von außen wirkt das Gebäude durch die raumhohe Verglasung, die gläsernen Balkonbrüstungen sowie die transluzenten Schiebepaneele aus Streckmetall modern und offen. Aktivitäten im Inneren sind von außen ablesbar. Das Innere hingegen prägen und dominieren Möbel, Boden, Decken- und Wandverkleidung aus warmem Holz. Die Balkone und eine Dachterrasse erweitern den Raum nach außen und nehmen Bezug auf die alten und neuen Gebäude in der Umgebung.

This residential and commercial building, completed in 2014, is located in the middle of Tokyo's second largest district, Setagaya in the southwest of the city. Its closeness to the entertainment and shopping area Shibuya makes it a popular residential district.
The lower storey of this steel construction is rented commercially, and accommodates a shop as well as office spaces. An open and modern external appearance is achieved by full-height glazing, glass balustrades and translucent sliding panels made of expanded metal. Activities within the building are visible from the outside. The interior is characterised by the warm tones of the timber furniture, flooring and wall and ceiling cladding. Space is extended outwards with balconies and a roof terrace offering views of the neighbourhood.

Architekten: Atelier and I, Kazunari Sakamoto Architectural Laboratory
Yasuhiro Kuno, Kota Okamura
Grundstücksfläche: 152,75 m²
Geschossfläche: 405,05 m²
Anzahl der Nutzer: 4
Konstruktion: Stahl

Architects: Atelier and I, Kazunari Sakamoto Architectural Laboratory
Yasuhiro Kuno, Kota Okamura
Plot area: 152.75 m²
Gross floor area: 405.05 m²
Number of residents: 4
Construction: Steel

aa

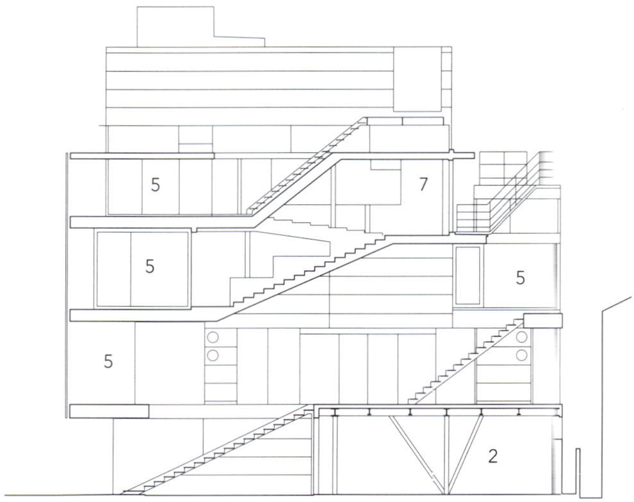

bb

Komplex in Oyamadai, Setagaya, Tokio

Complex in Oyamadai, Setagaya, Tokyo

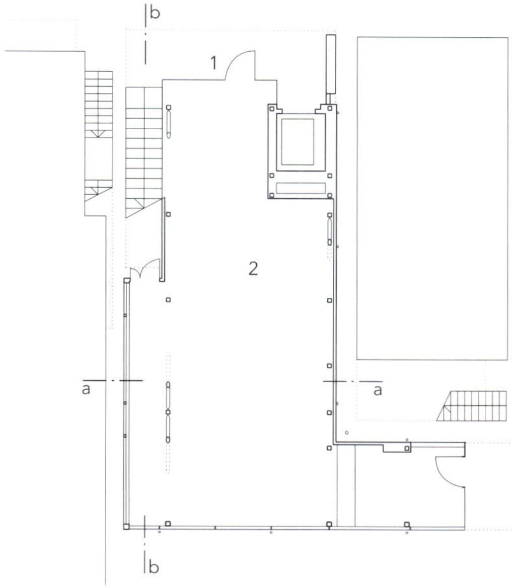

Schnitte • Grundriss Erdgeschoss
Maßstab 1:250

1 Eingang
2 Mietfläche
3 Wohnen
4 Bad
5 Terrasse / Balkon
6 Zimmer
7 Arbeiten

Sections • Ground floor plan
Scale 1:250

1 Entrance
2 Commercial unit
3 Living room
4 Bathroom
5 Terrace / Balcony
6 Room
7 Study

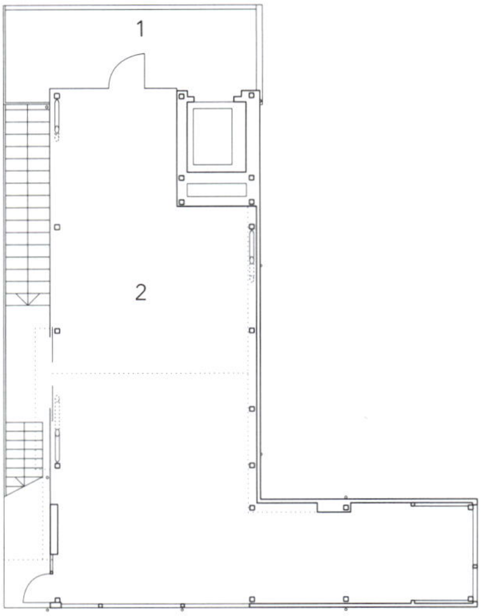

1. Obergeschoss • First floor

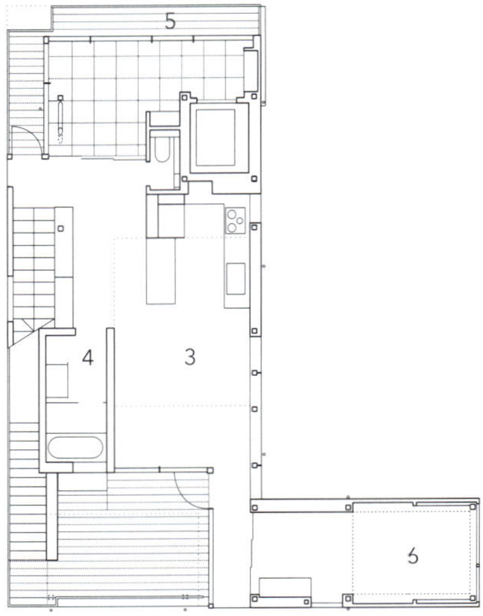

2. Obergeschoss • Second floor

Komplex in Oyamadai, Setagaya, Tokio

Complex in Oyamadai, Setagaya, Tokyo

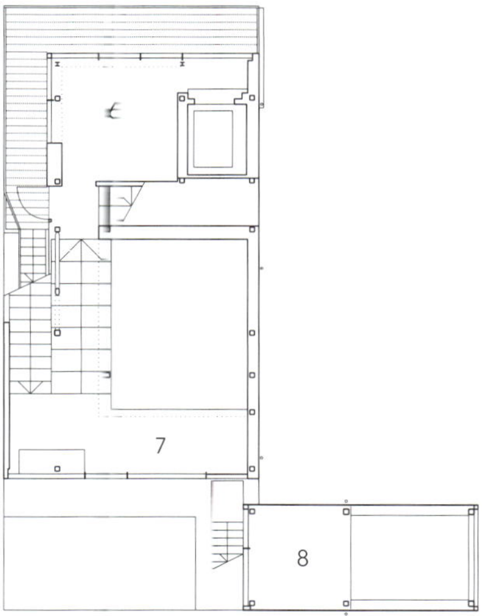

3. Obergeschoss • Third floor

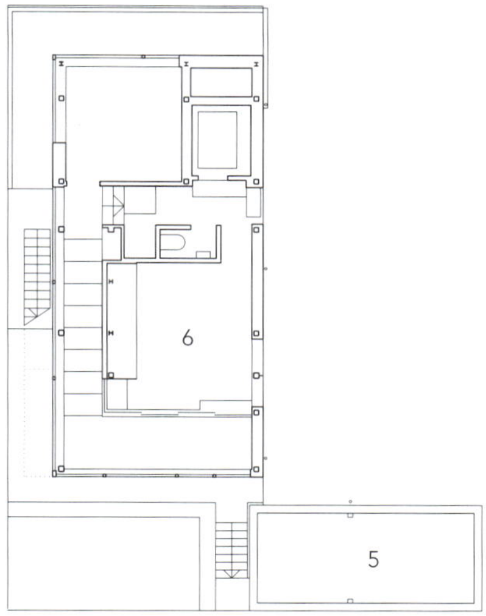

4. Obergeschoss • Fourth floor

Grundrisse
Maßstab 1:250

1 Eingang
2 Mietfläche
3 Wohnen
4 Bad
5 Terrasse / Balkon
6 Zimmer
7 Arbeiten
8 Loft

Floor plans
Scale 1:250

1 Entrance
2 Commercial unit
3 Living room
4 Bathroom
5 Terrace/Balcony
6 Room
7 Study
8 Loft

Satoko Shinohara / Spatial Design Studio + Ayano Uchimura / A studio

Sieben unter einem Dach

Seven under one Roof

Lageplan
Maßstab 1:2000

Site plan
Scale 1:2000

»Share House« nennen die Architektinnen ihr experimentelles Wohnprojekt, das sie nicht nur entworfen haben, sondern auch verwalten. Die ursprüngliche Idee stammt von Kengo Kuma, der das Projekt in Auftrag gab. In Tokio leben mehr als 50 Prozent der Einwohner in Single-Haushalten zu horrenden Mieten in winzigen Apartments. Als Alternative bietet Kuma ein Gemeinschaftshaus zum Wohnen und Arbeiten an. Innerhalb des rund zehn Meter hohen quaderförmigen Baukörpers stapeln sich sieben Individualräume zu Einheiten gebündelt versetzt auf drei Ebenen. Dazwischen entstehen Aufenthaltsbereiche mit unterschiedlichen Raumhöhen und Blickbeziehungen. Decke, Wand und Boden sind einheitlich mit Lärchensperrholz verkleidet und jede Nische wird für Regale und Einbauten genutzt. Die Werkstatt verbindet die Straße des ruhigen Wohnviertels mit dem Innenraum – getrennt nur durch eine transluzente Polyestermembran. Wie bei einem Zelt betreten die Bewohner das Haus, indem sie einen Reißverschluss öffnen.

"Share House" is the name the architects have given their experimental housing project, which they not only designed, but also manage. The original idea came from Kengo Kuma, who commissioned the project. Over 50 % of the population in Tokyo lives in single-household dwellings – in tiny apartments for which they pay incredibly high rents. As an alternative, Kuma offers a house to be used on a communal basi, where people can live and work. Seven individual spaces are stacked to form units on three levels within a roughly ten-metre-high cubic volume. Located between these are common areas with varying room heights and visual relationships. Ceilings, walls and floors are uniformly clad in larch plywood and every available recess is utilised to accommodate shelving and built-in elements. The workshop plays a central role in the house – separated simply by a translucent polyester membrane. Residents enter the house as they would a tent: by undoing a zip.

Architekten: Satoko Shinohara / Spatial Design Studio + Ayano Uchimura / A studio
Grundstücksfläche: 128,60 m²
Geschossfläche: 184,27 m²
Anzahl der Nutzer: 7
Konstruktion: Stahl

Architects: Satoko Shinohara / Spatial Design Studio + Ayano Uchimura / A studio
Plot area: 128.60 m²
Gross floor area: 184.27 m²
Number of residents: 7
Construction: Steel

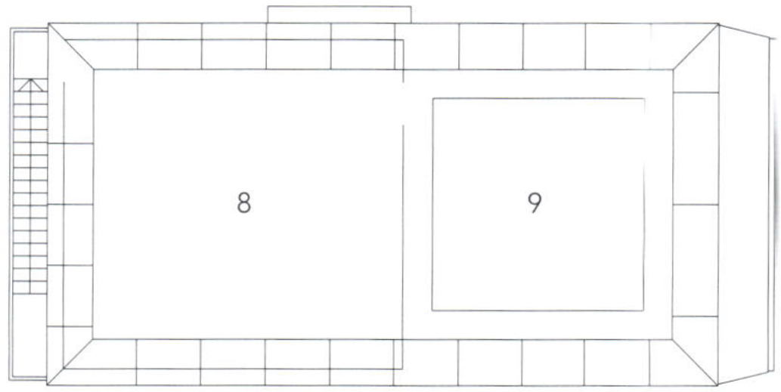
8
9

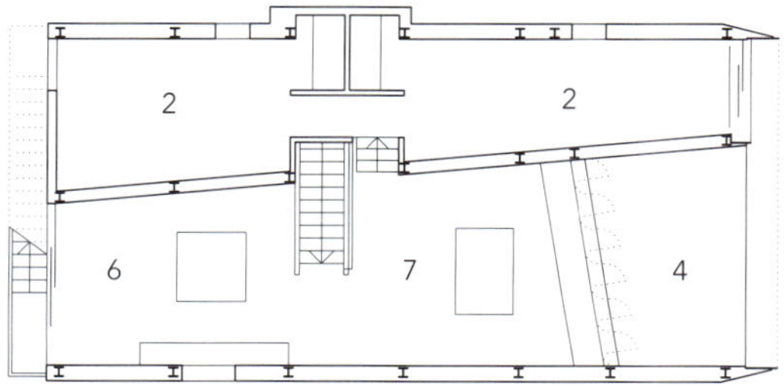
2
2
6
7
4

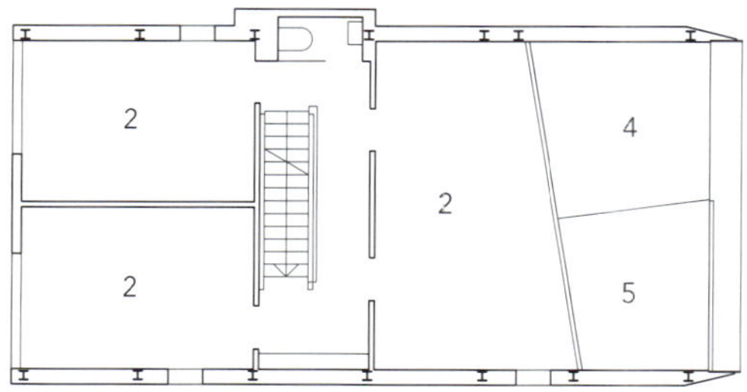
2
2
2
4
5

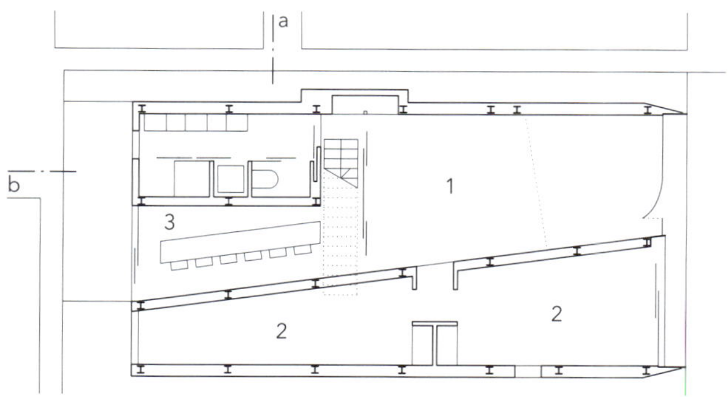
a
b
1
3
2
2

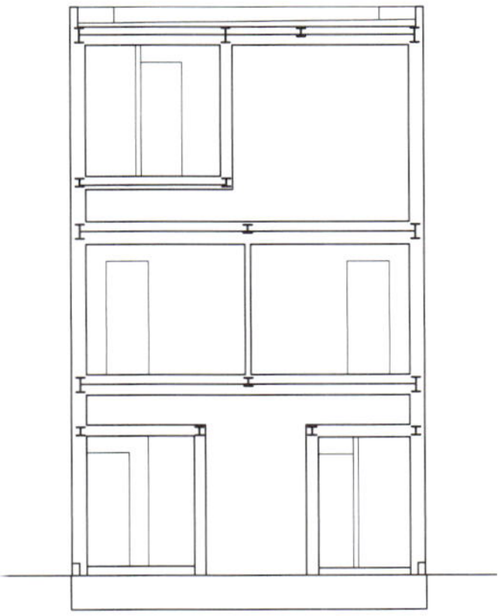

aa

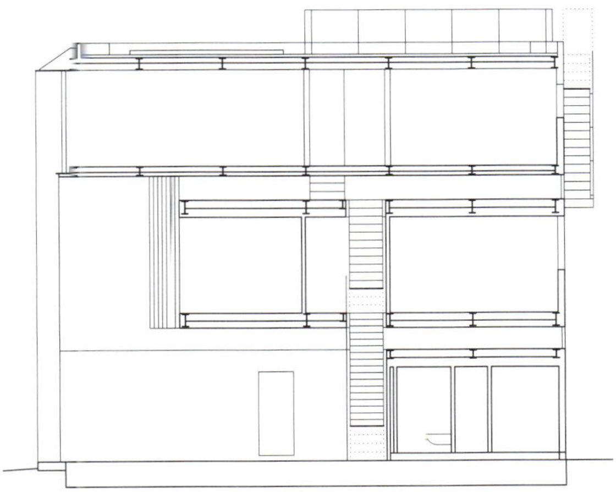

bb

Schnitte • Grundrisse
Maßstab 1:200

1 Eingang/Werkstatt
2 Zimmer
3 Bar
4 Luftraum
5 Terrasse
6 Küche
7 Wohnen
8 Dachterrasse
9 Kräutergarten

Sections • Floor plans
scale 1:200

1 Entrance/Workshop
2 Room
3 Bar
4 Void
5 Terrace
6 Kitchen
7 Living room
8 Roof terrace
9 Herb garden

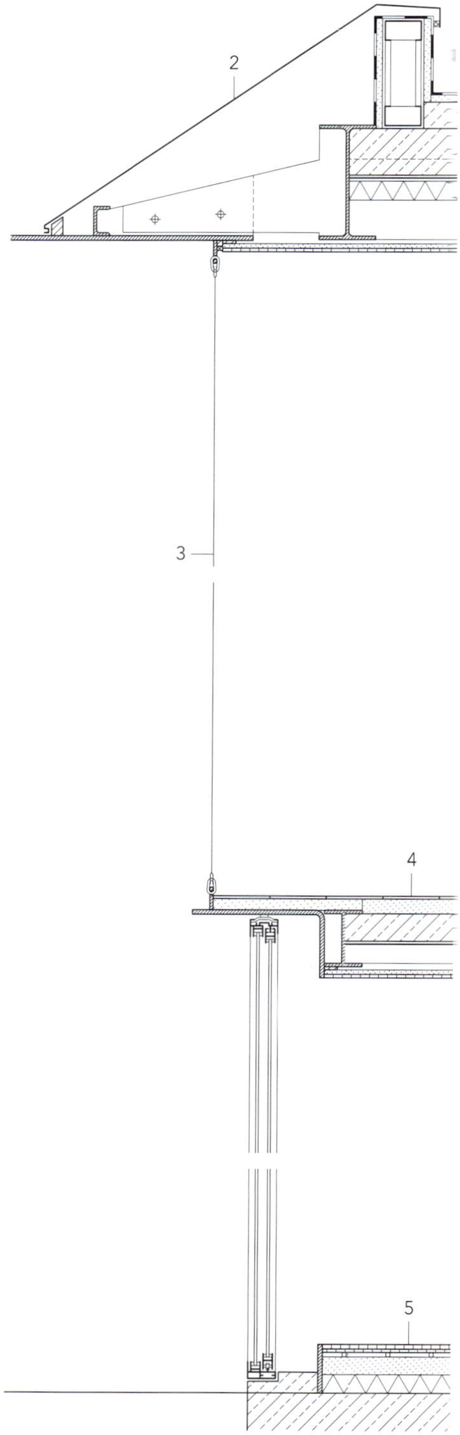
2
3
4
5

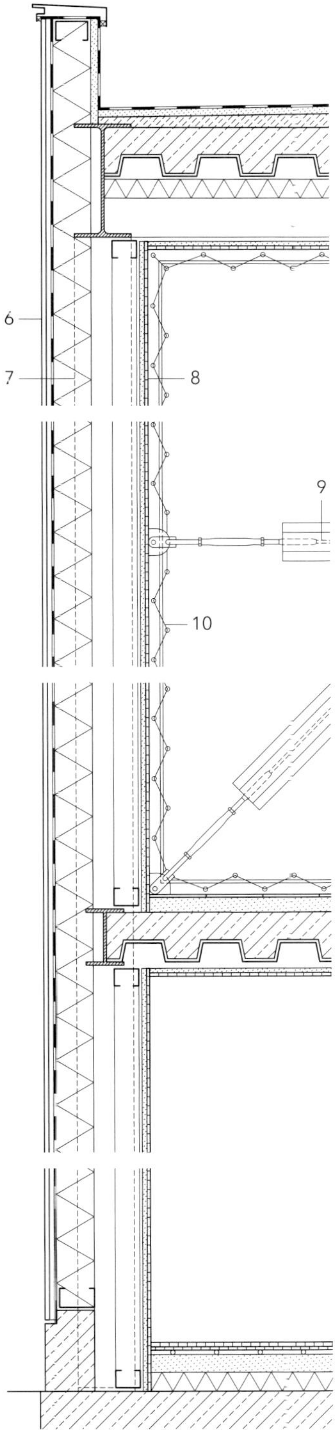

Vertikalschnitte
Maßstab 1:20

1 Dachdichtung Kalziumsilikat-Platte 20 mm
Leichtbeton im Gefälle
Verbundplatte Stahlbeton auf Trapezblech 50 + 80 mm
Dämmung Glaswolle 50 mm
Stahlträger aus IPE 100/150 und 150/300 mm
Gipskartonplatte 9,5 mm
Sperrholzplatte Lärche 9 mm
2 Stahlblech verzinkt 0,4 mm
3 Polyestermembran mit Seil in Flachstahl 4,5/65 mm eingehängt
4 Fliese auf Mörtel 5 mm
Verbundplatte Stahlbeton auf Trapezblech 50 + 80 mm
Gipskartonplatte 9,5 mm
Sperrholzplatte Lärche 9 mm
5 Sperrholzplatte Lärche 12 + 9 mm
Heizplatte 12 mm, Schüttung 47 mm
Dämmung Polystyrol 50 mm
Stahlbeton 600 mm
6 Keramikpaneel 12 mm, Windpapier
Stahlprofil [100/50/20 mm mit Dämmung Glaswolle 100 mm
7 Stahlprofil Å 150/150 mm
8 Sperrholzplatte Lärche 9 mm
Gipskartonplatte 12,5 mm
Aluminiumständersystem 65/45 mm
9 Stahlseil Ø 8 mm mit Spannschloss
10 Randverspannung Polyesterseil
11 Flachstahl verzinkt 12 mm
12 Gipskartonplatte lackiert 12,5 mm

Vertical sections
Scale 1:20

1 20 mm calcium silicate sheeting as roof sealing layer
lightweight concrete to falls
composite roof slab: reinf. conc. on trapez. metal sheeting (50 + 80 mm)
50 mm glass wool insulation
steel beams consisting of 100/150 + 150/300 mm I-sections
9.5 mm gypsum plasterboard, 9 mm larch plywood
2 0.4 mm galvanized sheet steel
3 polyester membrane with cable between 65/4.5 mm steel flats
4 tiling on 5 mm bed of mortar
composite floor slab: reinf. conc. on trapez. metal sheeting (50 + 80 mm)
9.5 mm gypsum plasterboard, 9 mm larch plywood
5 12 + 9 mm larch plywood
12 mm heating panel;
47 mm filling, 50 mm polystyrene insulation
600 mm reinforced concrete floor
6 12 mm ceramic panel; windproof paper; 100/50/20 mm steel sections, 100 mm glass wool insulation
7 150/150 mm steel I-sections
8 9 mm larch plywood
12.5 mm gypsum plasterboard
65/45 mm alum. posts and rails
9 Ø 8 mm steel cable with turnbuckle
10 polyester edge tensioning cable
11 12 mm galvanized sheet steel
12 12.5 mm plasterboard, painted

1.8M Width House in Toshima 48
Toshima, Tokio Tokyo | 2012
Architekten Architects: YUUA Architects & Associates
Mitarbeiter Team: Madoka Aihara, Toshiyuki Yamazaki
Tragwerksplaner Structural engineers: Hirotsugu Tsuboi Structural Engineers

Wohnhaus House 52
Itami | 2012
Architekten Architects: Tato architects
Mitarbeiter Team: Yo Shimada

OH House 58
Tokio Tokyo | 2010
Architekten Architects: Atelier Tekuto
Mitarbeiter Team: Yasuhiro Yamshita, Takumi Niwamoto
Tragwerksplaner Structural engineers: Junichi Motooka, Mayumi Kasugai / Motooka Structural Engineers

Einfamilienhaus in Nada Single-family House in Nada 62
Kobe
Architekten Architects: fujiwarramuro architects
Mitarbeiter Team: Shintaro Fujiwara,Yoshio Muro

Garden and House 66
Tokio Tokyo | 2010
Architekten Architects: Ryue Nishizawa
Mitarbeiter Team: Taeko Nakatsubo (Projektleiter Project management), Hachiro Horigome, Kim Daehwan (Bauleitung Site management)
Tragwerksplaner Structural engineers: Structured Environment

Honzumi House 72
Yokohama | 2013
Architekten Architects: Tanaka Akinari Kenchiku Design Office
Mitarbeiter Team: Akinari Tanaka, POI, Nawakenji-M, Lapin

T-Section Fence House 76
Matsubara, Osaka
Architekten Architects: Hitotomori / Hane-Kenchiku-Koubou
Mitarbeiter Team: Tomoko + Yoshiaki Nagasaka, Masuo Shiojiri

Wohnhaus House 80
Fukuoka, Nanakuma | 2013
Architekten Architects: Movedesign
Mitarbeiter Team: Mikio Sakamoto, Kotaro Ozaki
Tragwerksplaner Structural engineers: Mulberry House

Light Walls House 86
Toyokawa | 2013
Architekten Architects: mA-style architects
Mitarbeiter Team: Atsushi Kawamoto, Mayumi Kawamoto
Tragwerksplaner Structural engineer: Daisuke Hasegawa

Mehrgenerationenhaus Multi-generational House 92
Okazaki | 2014
Architects: Katsutoshi Sasaki + Associates
Tragwerksplaner Structural engineers: Tatsumi Terado Structural Studio

Wohnhaus in Kamisawa House in Kamisawa 98
Hyogo, Kobe | 2014
Architekten Architects: Tato Architects
Mitarbeiter Team: Yo Shimada, Keita Kurokoshi

Wohnhaus am Komazawa Park House at Komazawa Park 102
Tokio Tokyo | 2011
Architekten Architects: miCo.
Mitarbeiter Team: Mizuki Imamura, Isao Shinohara
Tragwerksplaner Structural engineers: Tatsumi Terado Structural Studio

Wochenendhaus Weekend House 108
Karuizawa, Nagano Prefecture | 2006
Architekten Architects: Makoto Takei & Chie Nabeshima / TNA
Tragwerksplaner Structural engineers: Akira Suzuki / ASA
Lichtplanung Lighting design: Masahide Kakudate / Bon Bori

Même Experimentalhaus Même Experimental House 114
Taiki | 2011
Architekten Architects: Kengo Kuma & Associates
Mitarbeiter Team: Kengo Kuma, Takumi Saikawa
Tragwerksplaner Structural engineers: Yashushi Moribe (Showa Womden's University)

Apartmenthaus in Nerima Apartment House in Nerima 120
Tokio Tokyo | 2010
Architekten Architects: Go Hasegawa and Associates

Egota house B 126
Nakano, Tokio Tokyo | 2013
Architekten Architects: Atelier and I, Kazunari Sakamoto Architectural Laboratory
Mitarbeiter Team: Kazunari Sakamoto, Yasuhiro Kuno, Takeda Masashi, Hiromichi Kaneko
Tragwerksplaner Structural engineers: Kanebako Structural Engineering
Haustechnik Technical engineers: ES Associates

Komplex in Oyamadai Complex in Oyamadai 130
Setagaya, Tokio Tokyo | 2014
Architekten Architects: Atelier and I, Kazunari Sakamoto Architectural Laboratory
Mitarbeiter Team: Yasuhiro Kuno, Kota Okamura
Tragwerksplaner Structural engineers: Shu-tada Structural Consultant
Haustechnik Technical engineers: ES Associates

Share House 136
Tokio Tokyo | 2012
Architekten Architects: Satoko Shinohara / Spatial Design Studio + Ayano Uchimura / A studio
Mitarbeiter Team: Satoko Shinohara, Ayano Uchimura, Kohei Tano
Tragwerksplaner Structural engineer: Hiroshi Ohno

Christian Schittich (Herausgeber)

Geboren 1956; Architekturstudium an der Technischen Universität München; anschließend sieben Jahre Büropraxis und publizistische Tätigkeit; von 1998 bis 2016 Chefredakteur der Zeitschrift DETAIL; Autor und Herausgeber zahlreicher Fachbücher und Fachartikel.
1987 erste Reise per Anhalter durch Japan – von Hokkaido bis Himeji, seither fasziniert von der Kultur und Architektur des Lands, später Begegnungen mit vielen führenden japanischen Architekten auf verschiedenen beruflichen Reisen.

Hannes Rössler

Geboren 1962; Zimmererlehre; anschließend Architekturstudium in München, Zürich und Wien; seit 1998 eigenes Architekturbüro in München; von 2000 bis 2007 Vorsitzender des Deutschen Werkbundes Bayern (Werkbundsiedlung Wiesenfeld), von 2011 bis 2016 Vorsitzender der Stiftung des BDA Bayern.
1999 erste Reise nach Japan mit dem Wunsch, die vielschichtige ästhetische Kultur des Landes zu verstehen. Schon während der Zimmererlehre Bewunderer japanischer Holzbauten, engagiert sich in unterschiedlichen Funktionen bei der Verwirklichung japanischer Architektur- und Ausstellungsprojekte in München (Minihäuser in Japan, 2000; Kazunari Sakamoto – Poetik im Alltäglichen, 2004; Terunobu Fujimori. Architekt. Werkschau 1986–2012).

Tao Baerlocher

Geboren 1985; Architekturstudium an der ETH Zürich; Mitarbeit in verschiedenen Architekturbüros in der Schweiz sowie Lehrtätigkeit an der Accademia di Architettura di Mendrisio; Mitherausgeber der Buchpublikation »Kazunari Sakamoto. Vortrag« (2015); seit 2014 selbständiger Architekt in Zürich, Mitgründer von Studiospazio.
Als Sohn einer Japanerin und eines Schweizers, geboren in Kyoto, Inhaber einer doppelten Staatsbürgerschaft und dank zahlreicher Reisen in die Heimat daheim in beiden Welten.

Christian Schittch (Editor)

Born in 1956; studied architecture at the Technical University of Munich; followed by seven years of work in architectural firms and publishing activities; from 1998 to 2016 editor-in-chief of DETAIL magazine; author and editor of numerous specialised books and articles.
In 1987 hitchhiked through Japan from Hokkaido to Himeji, and has been fascinated by the culture and architecture of the country ever since – later meeting many leading Japanese architects during various work-related travels.

Hannes Rössler

Born 1962; trained as a carpenter, then studied architecture in Munich, Zurich and Vienna; since 1998 runs own architectural firm in Munich; from 2000 to 2007 chairman of Deutscher Werkbund Bayern (Werkbundsiedlung Wiesenfeld), since 2011 has served as chairman of Stiftung des BDA Bayern (Bavarian Chapter of the Association of German Architects).
In 1999 made his first journey to Japan with the desire to understand the multi-layered aesthetic culture of the country. Already admired Japanese timber constructions during carpentry apprenticeship, and has since been active in the realisation of Japanese architectural projects and exhibitions in Munich ("Mini-Houses in Japan," 2000; "Kazunari Sakamoto – Poetics in the Ordinary," 2004; and "Terunobu Fujimori. Architect. Exhibition of Work," 1986–2012).

Tao Baerlocher

Born 1985; studied architecture at the Swiss Federal Institute of Technology (ETH) Zurich; collaborated with various architectural firms in Switzerland and taught at the Accademia di Architettura di Mendrisio; co-edited the book publication "Kazunari Sakamoto. Lecture"; since 2014 freelance architect in Zurich and co-founder of Studiospazio.
Spent his childhood in Kyoto, his youth in the Grison Alps, and feels at home in both worlds thanks to many journeys back and forth.

Bildnachweis Picture Credits

Allen, die durch Überlassung ihrer Bildvorlagen, durch Erteilung von Reproduktionserlaubnis und durch Auskünfte am Zustandekommen des Buches mitgeholfen haben, sagt der Verlag aufrichtigen Dank. Sämtliche Zeichnungen in diesem Werk sind eigens angefertigt oder stammen aus den Archiven der Architekten. Trotz intensiver Bemühungen konnten wir einige Urheber der Abbildungen nicht ermitteln, die Urheberrechte sind aber gewahrt. Wir bitten um dementsprechende Nachricht.

The publisher would like to express his sincere gratitude to all those who have assisted in the production of this book, be it through providing photos or artwork or granting permission to reproduce their documents or providing other information. All the drawings were specially produced for this publication or taken from the archives of the architects. Despite intensive endeavours, we were unable to establish copyright ownership in just a few cases; however, copyright is assured. Please notify us accordingly in such instances.

Vorsatz/Nachsatz endpaper **fotolia: SeanPavonePhoto**

S. p. **7, 8 oben** top, **11 Christian Schittich, München** Munich **(D)**

S. p. **8 unten** bottom, **9, 66, 68–70, 123–124 Iwan Baan, Amsterdam (NL)**

S. p. **10, 12–19, 28, 29, 32/33, 43, 48–52, 54–57, 72–75, 86, 88, 90/91, 98, 100–101, 114, 117–118, 120, 122, 126–130, 132–135 Shinkenchiku-sha, Tokio** Tokyo **(J)**

S. p. **22/23, 104, 105 rechts** right **Koichi Torimura**

S. p. **24 JA65, S. 119**

S. p. **25 Klaus Zwerger, Wien** Vienna **(A)**

S. p. **26 Carlo Fumarola (Flickr)**

S. p. **30, 31 Yano Toshiyuki, Tokio** Tokyo **(J)**

S. p. **35 Okuyama, Shinichi; Sakamoto, Kazunari: Housing Project Tokyo. Tokio** Tokyo **1998**

S. p. **36–42 Kazunari Sakamoto, Tokio** Tokyo **(J)**

S. p. **44/45 Tomio Ohashi, Tokio** Tokyo **(J)**

S. p. **58, 60–61 Toshihiro Sobajima, Tokio** Tokyo **(J)**

S. p. **62–65 Yano Toshiyuki, Tokio** Tokyo **(J)**

S. p. **76, 78, 79 Yohei Sasakura, Tokio** Tokyo **(J)**

S. p. **80, 82, 85 Yousuke Harigane, Fukuoka (J)**

S. p. **92, 94–95, 97 Katsutoshi Sasaki + Associates**

S. p. **102, 107 Takayuki Suo**

S. p. **105 links** left **miCo.**

S. p. **108, 110–111, 113 Daici Ano, Tokio** Tokyo **(J)**

S. p. **136, 138–140 Taro Hirano, Tokio** Tokyo **(J)**

ハイネス
リヴュール新宿
NEW CITY
HOTEL